Die OJC Kommunität
mit Dominik Klenk

# Wie Gefährten leben
## Eine Grammatik der Gemeinschaft

# Wie Gefährten Leben

## Eine Grammatik der Gemeinschaft

Die OJC Kommunität
mit Dominik Klenk

Nachwort von Notker Wolf

BRUNNEN
Verlag Basel · Giessen

**Bibliografische Information der Deutschen Nationalbibliothek**
Die Deutsche Nationalbibliothek verzeichnet diese Publikation
in der Deutschen Nationalbibliografie;
detaillierte bibliografische Daten sind im Internet über www.dnb.de abrufbar.



Gedruckt mit freundlicher Unterstützung der ojcos-stiftung


Umschlag: Piva & Piva, Studio für visuelles Design, Darmstadt
Illustrationen Innenteil:
Michael Blum, „Lebenslinien auf dem Weg zum Licht"
Fotos Innenteil: OJC Kommunität, Reichelsheim
Satz: Piva & Piva, Studio für visuelles Design, Darmstadt
Druck: Finidr
Gedruckt in der Tschechischen Republik

ISBN 978-3-7655-1307-7

Die Lüge im Licht
der Wahrheit entmachten
und uns Christus
in die Arme werfen:
das ist wahre
Auferstehung.

Gott zur Ehre
Christus zum Dank
dem Heiligen Geist zur Freude
den Gefährten zur Wegweisung
der Kirche zum Wachstum
den Menschen zum Segen

# Die Entstehung der Grammatik

Nach 40 Jahren gemeinsamen Lebens in der ökumenischen Lebensgemeinschaft *Offensive Junger Christen* (1968-2008) haben wir die bewährten geistlichen Quellen und grundlegenden Ordnungen unseres Miteinanders in Sprache gebracht.

Dominik Klenk, Leiter und Prior der OJC (2002-2012), konzipierte und formulierte „Die Grammatik der Gemeinschaft" in einer Klausur in Ermatingen am Bodensee vom 20. Januar bis 3. Februar 2008. Während ihrer Frühjahrsretraite im Kloster Volkenroda (Februar 2008) hat die Gemeinschaft die Grammatik durchgearbeitet, präzisiert und sie dann der Kommunitätsgründung am 13. April 2008 zugrunde gelegt. Bei der Gründungsfeier in der Michaelskapelle auf Schloss Reichenberg besiegelten die Gefährten ihren Bund mit dem Unterschreiben der Grammatik. Nach weiteren drei Jahren des inneren Umgehens und des intensiven Gesprächs unter den Geschwistern ist die vorliegende Version am 14. Februar 2012 vom Kommunitätsrat verabschiedet und in Kraft gesetzt worden.

In alledem wissen wir uns vom Geist Gottes reich beschenkt und teilen diesen Reichtum gern.

*Die Gefährten der OJC*

## Inhaltsverzeichnis

DIE SPUREN DER freude WERDEN JET
SCHON UNVERKENNBAR EINGESCHRIEBE
IN UNSERE HERZEN

## [1] Gefährten des Lichts

**wo sind sie**
**die alten**
die glauben haben wie tiefe brunnen
die erfahren durften
dass die quellen der kraft
selbst in glühender hitze noch sprudeln
die in der wüste versengt und verdurstet
und doch in der nacht vom tau des lebens
aufs neue benetzt und erweckt wurden

**wo sind sie**
**die jungen**
die unerschrocken hoffenden
die ihre eingeborene würde
nicht fallen lassen
die sich der resignation entgegenstemmen
weil sie noch in tiefster nacht spüren
dass der tag dämmern wird
die ihre hände betend zum kampf erheben
im vertrauen dass die arme des kommenden stark sein werden
im lieben

**wo sind sie**
**die gefährten**
gemeinschaft der beherzten
die alles riskieren
und vertrauen dass der geist des herrn
der den tod überwand
leidenschaftlich in ihrem leben wirken
und sie zusammenschmelzen darf
damit keiner allein stehe wider das dunkel
und das licht aufstrahle
für viele

# Präambel

[2] *Gott ist nicht ein Gott der Unordnung, sondern ein Gott des Friedens.*
(1. Korinther 14,33)

[3] *Frieden heißt Sieg über den bloßen Zufall.*
*Frieden ist der Rhythmus einer Gemeinschaft, die noch nicht am Ende ist, die noch für ihre wahre Zukunft aufgeschlossen ist.*
*(Eugen Rosenstock-Huessy)*

[4] *Die Restauration der Kirche kommt gewiss aus einer Art neuen Mönchtums, das mit dem alten nur die Kompromisslosigkeit eines Lebens nach der Bergpredigt in der Nachfolge Christi gemeinsam hat.*
*Ich glaube, es ist an der Zeit, hierfür die Menschen zu sammeln.*
*(Dietrich Bonhoeffer)*

[5] Es ist ein Geschenk, Räume zu betreten, die von Menschen belebt und vom Geist Gottes mitgestaltet sind.
Die OJC Kommunität ist ein solcher Raum und will es immer neu werden. Ganz in der Welt, verkörpert durch konkrete Menschen, darauf aus, von der Kraft des lebendigen Gottes geformt und geprägt zu werden.

[6] Dieser gemeinschaftliche Raum umspannt eine verbindliche Gemeinschaft von Christen, die miteinander leben und arbeiten. Er umfasst Männer und Frauen, Ehepaare, Familien mit Kindern, die gemeinsam die Kommunität bilden. Damit das Abstecken und Umspannen dieses Raumes gelingen kann und die Spannungsfelder darin fruchtbar bleiben, haben wir die Grundlagen unseres gemeinsamen Lebens, die die Identität der Offensive Junger Christen konstituieren, aufgeschrieben.

## [7] Symbol der OJC Kommunität

Christus
A und O
Anfang und Vollendung

Christus
Komponist der Schöpfung
Schöpfer des Kosmos

Christus
Unterschwung der Gnade
Überschwang des Geistes

Christus
Mitte der Gemeinschaft
Umfassung der Gefährten

Christus
Schwert des Geistes
Schild des Heils

Christus
hart geschunden
uns zart verbunden

Christus
Herr der Kirche
Siegel der Welt

## [8] Grammatik – Ordnung im Sprachgeschehen

Jede Art des Zusammenlebens basiert auf Absprachen, die praktiziert und verinnerlicht werden. Das gilt auch für geistliche Gemeinschaften. Schon die ersten Klöster lebten auf der Grundlage einer verfassten Regel. Das Leben hat uns weitergetragen. Für uns trifft das Wort Grammatik den Kern. Grammatik beschreibt, was wir brauchen für ein gemeinsames Leben, in dem es primär um ein Hören und Sprechen, Verstehen und Tun geht: um das Hören und Sprechen mit Gott, um das Hören und Sprechen miteinander und um das Hören und Sprechen, das über die Gemeinschaft hinaus in die Welt hineinwirkt.

[9] Christus ist das lebendige Wort. Die Grammatik dient der Sprache – sie ordnet das Sprachgeschehen. Grammatik ermöglicht es, Geschichte zu schreiben, gegenwärtig zu sprechen und Zukunft zu erwarten. Für uns ist sie die – oft nicht sichtbare – innere Ordnung hinter unserem gemeinsamen Leben.

Die *Grammatik der Gemeinschaft* soll das Leben miteinander ordnen, unterstützen und verbinden. Sie dient nicht zur Reglementierung; sie ist zuallererst dazu da, dass wir sie uns zu eigen machen und sie in versöhnten und befriedeten Beziehungen lebendig gestalten.

## [10] Herausforderungen einer neuen Zeit

Wir leben in einer Zeit der Auflösung von Beziehungen und Traditionen. Das eröffnet neue Freiräume. Die Kehrseite dieser Entwicklung ist Verunsicherung und Unbehaustheit. Gott fordert uns heraus, diese Spannung verantwortlich zu gestalten und fruchtbar zu machen für die kommende Generation. Damit menschliches Leben gelingen kann, braucht es Gemeinschaft. Damit Gemeinschaft gelingen kann, braucht es eine schöpferische Lebenskultur. Die Gemeinschaft ist kein Selbstzweck, hat aber einen unverbrüchlichen Eigenwert. Die OJC Kommunität ist gerufen, Lebensräume zu eröffnen. Der Kern unseres Auftrags ist es, *jungen Menschen in Jesus Christus Heimat, Freundschaft und Richtung zu geben*[1]. Das bedeutet zuallererst, dass wir selbst tiefer in eine tragfähige Beziehung mit Jesus Christus und den Geschwistern der Kommunität hineinwachsen. Auf dieser Basis wollen wir uns in Kirche und Gesellschaft engagieren und einmischen.

## [11] Verbindlichkeit und Freiheit

Geistliches Leben wächst auf dem Boden der Verbindlichkeit. Verbindlichkeit wurzelt in der Freiheit – der Freiheit, die in Jesus Christus zu uns kam.[2] Auf dieser Grundlage entscheiden wir uns bewusst für ein verbindliches und konzentriertes Leben. Nur in der Zugehörigkeit und Liebe zu Jesus, die in uns wächst, können gleichzeitig Verbindlichkeit und Freiheit bestehen. Zeichenhaft beten wir täglich in unserem Mittagsgebet: „Herr, unser Schöpfer, auf der Höhe des Tages kommen wir zu dir. Wir gehören nicht der Arbeit, nicht den Menschen und nicht uns selbst. Wir gehören dir. Unsere Zeit steht in deinen Händen."

1 Offensive Junger Christen. Auftrag und Leitbild. Ökumenische Kommunität in der Evangelischen Kirche. Reichelsheim 2007

2 Galater 5, 1

[12] Die *Grammatik der Gemeinschaft* redet von dem, was uns fördert und fordert, was uns begeistert und uns bindet. Sie soll uns in ein konzentriertes Leben führen, damit wir unseren Auftrag beherzt wahrnehmen.
Die *Grammatik der Gemeinschaft* ist die Frucht aus vier Jahrzehnten gemeinsamen Lebens der OJC und formuliert die bewährten geistlichen Grundlagen unserer Lebenskultur.
Sie dient der Befestigung der Gemeinschaft, hilft über Krisen hinweg und ermöglicht Multiplikation durch Auspflanzungen.
Die *Grammatik der Gemeinschaft* gibt klare Richtungsweisungen, ist aber unscharf genug, um dem eigenen Gewissen Gespür abzuverlangen. Das Gespräch miteinander bleibt unerlässlich.
Die *Grammatik der Gemeinschaft* orientiert sich an Gottes Wort und Wesen. Nur in dem Maß, wie sie das tut, gewinnt sie Kraft und Autorität.

[13] Die *Grammatik der Gemeinschaft* ist kein logisches Regelwerk. Sie wird erkennbar und tragfähig, wenn wir sie miteinander zum Klingen bringen. Sie ist eine Hilfe zur Gestaltung des gemeinsamen Lebens derjenigen, die sich entschieden haben, dem Leib Christi hier in der OJC Kommunität zu dienen. Darüber hinaus kann sie sich jeder aneignen, der sie für sein geistliches Leben hilfreich findet.

# Aufbau der Grammatik

[14] Der innere Aufbau der Grammatik umfasst einen Sprech- und Lebensraum, der sich um die letzten Dinge und um die vorletzten Dinge, um atmosphärische Raumbeschreibungen und um handfeste Regeln ausspannt. Im Zentrum steht Christus. Um ihn und nur um ihn können wir verbindliches Leben in Gemeinschaft wagen.

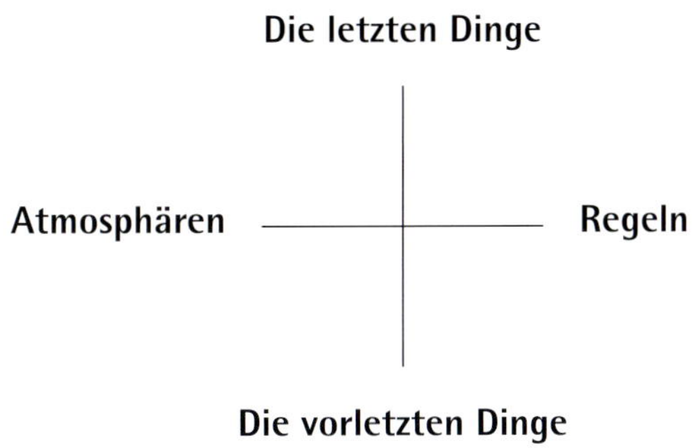


## [15] Die letzten Dinge

Über die letzten Dinge haben wir keine Verfügung. Wir können sie empfangen, über sie staunen, uns nach ihnen ausstrecken und ihr Geheimnis feiern. Zu den letzten Dingen gehören das Anbrechen des Reiches Gottes, seine ewig gültige Wahrheit und seine Verheißungen.

## [16] Die vorletzten Dinge

Die vorletzten Dinge unterliegen der Schwerkraft dieser Welt. Sie sind die vornehmlich pragmatisch zu klärenden Fragen und Aufgaben unseres Lebens. Ihre Bewertung erhalten sie durch unsere Zuweisung. Wir können über sie verfügen, sie uns aneignen oder sie verwerfen.

## [17] Atmosphären

Lebensräume sind wesentlich durch Atmosphären geprägt. Damit menschliches Leben wachsen und gelingen kann, braucht es atmosphärisch günstige Voraussetzungen. Diese entziehen sich meist der pragmatischen Beschreibung. Am ehesten vermag sie die poetische Sprache zu erfassen.

## [18] Regeln

Zuletzt braucht es klare Regeln, um dem gemeinsamen Leben einen gedeihlichen Rahmen zu geben. Gerade sie erinnern uns daran, dass wir in einer gefallenen Welt an wesentlichen Punkten der Klarheit bedürfen. Dabei gilt der Grundsatz: Je weniger Regeln, desto besser. Wir sind uns bewusst, dass die Regeln selbst dem Vorletzten angehören.

Diese vier Bereiche durchdringen und ergänzen einander.

wir wollen uns
nicht allzu fest
einrichten,
sondern immer
neu ausrichten.

# I. Sprechhorizonte – Geistliche Grundlagen Die drei Grundgeschenke unseres Lebens

## Liebe, Glaube, Hoffnung

[19] **Liebe**

Es ist die Liebe des dreieinigen Gottes, durch die wir geschaffen und gerettet sind und die uns vollenden wird. Diese Liebe ist absolut, rein, treu und vorleistungsfrei. Durch seinen Tod und seine Auferstehung hat Jesus uns mit Gott versöhnt und uns zu neuen Geschöpfen gemacht. Nicht unser Glaubenswerk, sondern seine brennende Liebe rettet uns. Auf das Geschenk dieser Liebe wollen wir mit unserem Glauben und unserem Leben antworten.

[20] **Glaube**

Glaube ist Gnade. Glaube überbrückt auch die Zeiten, in denen Gott uns verborgen ist. Glaube ist im Kern Vertrauen zu Gott. Er hält die Welt und jeden von uns in Händen und weiß, was wir brauchen. Unser Glaube kann Berge versetzen. Wir wissen, dass keiner von uns immer glaubt. Darum brauchen wir einander, um miteinander und zeitweise auch füreinander zu glauben.

## [21] Hoffnung

Hoffnung erwächst aus Glaubens- und Liebeserfahrungen. Sie ist eine Kraft, die sich vorausspannt, um Gottes Eingreifen zu erwarten. Weil unsere Kraft klein ist, üben wir uns darin, von Gott Großes zu erwarten. Hoffnung ist der Funke, der Glaube und Liebe neu entzündet. Wir wollen lernen, kindlich aus der Hoffnung zu leben und andere damit anzustecken.[3] Der Zielpunkt unserer Hoffnung kommt uns mit offenen Armen entgegen: Jesus Christus.

[3] Römer 8, 15

# Der Resonanzboden unserer Antwort

## Herz, Kopf, Hände, Füße

[22] ### Herz – die Würde

In Christus bist du eine neue Kreatur. Er hat sich in den Riss zwischen Gott und Mensch hineingestellt, auch in den Riss in deinem Herzen. Er hat dich den Ansprüchen des Bösen entrissen. Er hat uns die Würde geschenkt, Söhne und Töchter des Vaters im Himmel zu sein. Lass dein Herz diese Kindschaft ergreifen.

Dennoch reicht die Schwerkraft dieser Welt in unser Herz und zieht es nach unten. Darum ist es wichtig, uns der Begegnung mit Gott täglich auszusetzen und ihm Raum in unserem Herzen zu schaffen. Darum beten wir: „Komm mit deiner Liebe in mein Herz." Nur so sind wir in der Lage, unser Herz zu schützen und es gleichzeitig zu riskieren.
Beherztes Leben ehrt Gott.

## [23] Kopf – Sinne und Verstand

Gottes Augen ruhen wohlwollend und zärtlich auf dir. Etwas davon spiegelt sich im Glanz deiner Augen. Dein Ohr ist Kanal der ersten Stunde, um zu hören, zu horchen, zu vertrauen und zu gehorchen. Deine Sinne geben dir Zugang zu Schönheit und Vielfalt alles Geschaffenen.
Staune!

Unsere Sinne sind die Tür zu Seele und Verstand. Sie müssen geschult und geformt werden, um unterscheiden zu lernen.[4] Sie sind auch empfänglich für Zerstörerisches. Wir wollen achtsam sein und uns mit Wahrem und Gutem ernähren.
Prüft aber alles, das Gute behaltet. Meidet das Böse in jeder Gestalt![5]
Denn was wir im Auge haben, das prägt uns, da hinein werden wir verwandelt. Wir kommen, wohin wir schauen.[6]
Lasst euch nicht von der Welt gleichschalten, sondert verändert eure Gesinnung: Lasst eure Gedanken nicht schematisieren. Gleicht euch nicht dieser Welt an, sondern wendet euch immer neu Christus zu und erneuert von ihm her euren Denksinn![7] Darum bitten wir: „Komm, Heiliger Geist, in meinen Geist!" Inspirierte Worte und Gedanken sind eine Freude für Gott und Menschen.[8]

[4] Hebräer 5, 14
[5] 1. Thessalonicher 5, 21-22
[6] Heinrich Spaemann
[7] Römer 12, 2
[8] Sprüche 4, 1 ff. / 18, 21

## [24] Hände – der Leib

Deine Hände sind wunderbar gemacht. Sie sind Ausdruck deiner ganzen Person. Mit ihnen kannst du empfangen, festhalten und lernen loszulassen. Die Fertigkeit deiner Hände spiegelt in besonderer Weise etwas von der schöpferischen Ebenbildlichkeit Gottes in dir wider.

Es sind die Hände, die wir einander reichen, um uns zu versöhnen, einander zu trösten und anzupacken, wo Hilfe nötig ist. Eine Hand ist immer ein Anfang, viele Hände lassen eine große Last klein werden. Darum beten wir: „Komm mit Deiner Kraft in meiner Hände Werk." Die helfende Hand zur rechten Zeit ist Ausdruck seiner Kraft und Treue.

## [25] Füße – der Weg

Deine Füße sind Ausdruck deiner Selbständigkeit. Du wurdest empfangen im Schoß deiner Mutter. Später hast du stehen und gehen gelernt. Du wurdest getragen und geführt, um selbst zu tragen und zu führen und dich zu Zeiten auch tragen zu lassen. Von dem Herrn kommt es, wenn eines Menschen Schritte fest werden, und er hat Gefallen an seinem Wege.[9]

Dieser Weg schließt Irrwege und Umwege mit ein. Gott gibt uns keinen Plan, aber er reicht uns seine Hand.[10] Er geht mit uns durchs finstere Tal und führt uns zum frischen Wasser.[11] Es ist ein Privileg der Kinder Gottes, im Vertrauen den nächsten Schritt zu wagen. Darum beten wir: „Komm, Herr, sei Licht auf meinem Weg!"[12]

[9] Psalm 37, 23
[10] René Padilla
[11] Psalm 23
[12] nach Psalm 119, 105

## Ausrüstung und innere Haltung

[26] Nur wer sich sicher ist, kann aufbrechen – wer aufbricht, muss Unsicherheit in Kauf nehmen.

[27] **Offensive Junger Christen**

Wir haben den Ruf Gottes vernommen, angenommen und uns für ein offensives Leben an seiner Hand und im Verbund mit den Gefährten und Geschwistern entschieden. Die Gemeinschaft gehört einer Wirklichkeit an, die sie übersteigt; sie existiert nicht um ihrer selbst willen, sondern ist Teil am Leib der Kirche und hat den Auftrag, in der Welt Salz und Licht zu sein. Weder aggressiv noch depressiv, sondern würzig, offen und transparent – seiner Botschaft gemäß. Das bedeutet für uns:

[28] **Dynamisch leben**

Gottes Worte sind Dawar-Worte[13]: Sie haben Sinn, sie entfalten Kraft, sie führen in die Tat. Seine Botschaft verwandelt die Herzen und bewegt die Hände – alles zielt auf Verleiblichung. Theologische Erkenntnis und gelebter Glaube gehören für uns zusammen und bilden die Dynamik unseres Miteinanders. *Wir schämen uns des Evangeliums nicht, denn es ist eine Kraft Gottes, die zum Leben führt alle, die daran glauben.*[14]

[13] Dawar (aram.) / Dabar (hebr.) bedeutet Wort. Gemeint ist das Wort im Sinne des Johannesprologs: „Im Anfang war das Wort". Dawar hat die gleichrangige Bedeutung von Wort-Sinn-Kraft-Tat. Der Johannesprolog nimmt hier den Schöpfungsvorgang des Wortes aus Genesis auf: Und Gott sprach, es werde ... und es ward.

[14] nach Römer 1, 16 – Berufungswort II der OJC (23. Dezember 1969)

## [29] In Klarheit leben

Gegen alle Geister der Vernebelung, der Verführung und der Gleichgültigkeit steht Gottes eindeutige Botschaft. Sein Wesen und sein Wort sind klar, scharf und lebendig.[15] Wo sich unsere Klarheit mit seiner Wahrheit verbindet, da werden wir frei.[16] Der Weg mit ihm und den Gefährten fordert uns Entschiedenheit ab. Entschiedenheit ist der Feind der Beliebigkeit: Nicht im Möglichen schweben, das Wirkliche tapfer ergreifen.[17]

## [30] Kreativ leben

Gottes Geist ist eine schöpferische Kraft. Wir wollen alle Hindernisse überwinden, die dieser schöpferischen Kraft entgegenstehen.
Lasst euch nicht „schematisieren", weder einschläfern noch gleich-förmig machen. Lasst euch und eure Sinne immer wieder durch Gottes Geist erneuern.[18] Wir wollen der Wahrheit, in die uns Gottes Geist leitet, Gehör verschaffen. Davon lassen wir uns weder durch den Zeitgeist noch von der *political correctness* oder der Spirale des Schweigens abbringen. Wo der Geist des Herrn ist, da ist Freiheit.[19]

[15] nach Hebräer 4, 12
[16] nach Johannes 8, 32
[17] Dietrich Bonhoeffer: Widerstand und Ergebung
[18] nach Römer 12, 2
[19] 2. Korinther 3, 17

## [31] Versöhnt leben

In Jesus Christus sind wir versöhnt mit Gott, mit uns selbst und miteinander. Hoffnung ist eine Frucht der Versöhnung. Darum wollen wir sie suchen und einander vergeben und nicht in Unversöhnlichkeit verharren.
Es geht uns nicht um ein Leben auf dem kleinsten gemeinsamen Nenner, vielmehr darum, einander in gegenseitiger Achtung nicht als Bedrohung abzuwehren, sondern in aller Unterschiedlichkeit als Ergänzung anzunehmen. Unversöhnlichkeit loszulassen und aufeinander zuzugehen, ist ein Sieg Jesu in unseren Herzen.
Wir sind herausgefordert, die Versöhnung in die Beziehungen zwischen Geschlechtern, Generationen[20], Nationen und in die Unterschiedlichkeit unseres Gewordenseins hineinzutragen.

## [32] Opferbereit leben

Nachfolge kostet Opfer. Sie ist ein Weg in der Spur unseres Meisters. Er gab sein Leben als ein lebendiges Opfer hin und lud seine Jünger ein, diesem Weg zu folgen. Auch heute braucht der Herr eine Avantgarde von Beherzten[21], die frei sind von Menschenfurcht oder lähmender Sorge. Dieser Weg kann auch Ächtung, Schmähung und Verfolgung bringen. Unser Kampf richtet sich nicht gegen Menschen, sondern gegen lebensverhindernde Denkgebäude und Mächte der Zerstörung.[22] Wir setzen uns ein für eine Kultur des Lebens.

> Lerne, die geistliche Waffenrüstung zu tragen.[23] Fürchte dich nicht, denn seine Kraft ist in den Schwachen mächtig. Der gute Hirte schickt seine Schafe nicht schutzlos unter die Wölfe.[24]

[20] nach Maleachi 3, 24
[21] Heinrich Spaemann
[22] nach 2. Korinther 10, 3-5
[23] nach Epheser 6, 16-17: *Vor allen Dingen aber ergreift den Schild des Glaubens, mit dem ihr auslöschen könnt alle feurigen Pfeile des Bösen, und nehmt den Helm des Heils und das Schwert des Geistes, welches ist das Wort Gottes.* Berufungswort III der OJC (23. Dezember 1969)
[24] nach Matthäus 10, 16ff

KRAMER

# Vier Entscheidungen für einen konzentrierten Lebensstil mit Gott

[33] Weil unsere Berufung und unser Auftrag nicht beliebig sind, kann auch unser Lebensstil nicht beliebig sein. Um Jesu willen wollen wir unser Kostbarstes einsetzen.

## [34] Vom Reichtum freigesetzt – um Jesu willen arm sein

Als Glieder der Kommunität haben wir uns für einen einfachen Lebensstil entschieden. Im Vertrauen auf die Fürsorge Gottes üben wir uns darin, mit begrenzten finanziellen Mitteln auszukommen und für einen Reichtum der anderen Art empfänglich zu werden. Darum wollen wir die Macht des Geldes in unserem Leben klein halten. Geld und Besitz stehen im Dienst unseres weltweiten Auftrages.
Die Gehälter der Mitglieder der Kommunität sind so bemessen, dass ein Auskommen gesichert ist. Kreativität und gegenseitige Unterstützung, auch in finanziellen Fragen, beschwingt und bereichert unser Miteinander. Die Gehaltsgrundlage ist für alle Glieder der Gemeinschaft gleich veranschlagt. Trotzdem gibt es in den Herkunftsfamilien der Einzelnen unterschiedliche Ressourcen. Wir wissen um diese Unterschiede und wollen lernen, sie neidlos anzunehmen. Wir wollen einander im Blick haben und darauf achten, dass niemand über Gebühr Mangel leidet. Konsumarm zu leben ist kein Selbstzweck, sondern geschieht zeichenhaft, um den Werten des Reiches Gottes Vorrang zu geben. Dazu gehört für uns, mit anderen zu teilen.[25] Unsere Sicherheit liegt in der Treue Gottes.

[25] Hebräer 13, 16: *Gutes zu tun und mit andern zu teilen vergesst nicht; denn solche Opfer gefallen Gott.* Berufungswort I der OJC (23. Dezember 1969)

## [35] Jesus lieben lernen – um Jesu willen keusch leben

Wir wollen als Glieder der Kommunität ein keusches Leben führen; keusch im Sinne von eindeutig und entschieden: entschieden mit Jesus leben. Es ist uns aufgetragen, ein bräutliches Leben zu führen. Das heißt, dass wir darauf achten, dass unser Herz mit dem Quellstrom der ersten Liebe[26] in Verbindung bleibt. Wir wollen wachsam sein, dass diese Liebe in uns nicht erkaltet, dass uns nichts und niemand, keine Reize, Bilder, Triebe und Mächte von dieser Liebe abschneiden. Keuschheit ist vom Geist Gottes regierte Sinnlichkeit.[27] Sie ist der Weg der Leidenschaft und der Treue zu Jesus, in die wir hineinwachsen wollen und der uns das Opfer eines achtsamen und keuschen Lebens kosten darf. Das gilt für jeden Stand.

[36] Beide Stände, sowohl die Ehe als auch der Ledigenstand, verweisen in jeweils eigener Weise auf die Treue zu Christus. Während die Ledigen zeichenhaft die bräutliche Liebe zu Jesus gestalten, verbinden die Ehepartner als Eheperson die Treue zu Christus mit der Treue in ihrem Ehebund. Nur die gestaltete Gemeinschaft von Ledigen und Verheirateten kann in der gegenseitigen Ergänzung Zeugnis ablegen für das Wesen der bräutlichen Gemeinde, die Christus erwartungsvoll entgegenlebt.

[26] Offenbarung 2, 4; Jesaja 62, 5; 2. Korinther 11, 2
[27] Dietrich Bonhoeffer: Nachfolge

## [37] Feinhörig dienen – um Jesu willen gehorsam sein

Wir üben als Glieder der Kommunität eine Kultur des Gehorsams ein. Gehorsam ist ein Beziehungsgeschehen und lebt aus dem gegenseitigen Vertrauen. Das lateinische *obaudire* bedeutet Gehör schenken, feinhörig sein. „Gehorsam" kommt von *gehorchsam* sein.
Wir haben erfahren, dass Gott sich in seinem Reden auf unterschiedliche Weise offenbart. Er kann unvermittelt reden, durch die Stimme meines Bruders oder meiner Schwester, durch die Schrift oder ein Ereignis. Sein Reden zielt immer auf ein Tun.[28]
Glaube ist nie ohne Gehorsam, nie ohne Existenzeinsatz möglich: Nur der Glaubende ist gehorsam, und nur der Gehorsame glaubt.[29] Wir wollen bereit sein, Weisung anzunehmen und Autorität auszuüben im Sinne von Jesu Gebot: Der Erste unter euch soll aller Diener sein.[30] Leiten bedeutet dabei, den Weg der Gruppe und ihrer Glieder hörend zu begleiten und Entscheidungen zu treffen und zu verantworten. Folgen heißt, sich ins Gespräch der gemeinsamen Weg- und Entscheidungsfindung einzubringen und dann der Weisung zu vertrauen. Jedes Glied der Gemeinschaft ist gerufen, durch Gehorchsamkeit in die Mitverantwortung des Leibes hineinzuwachsen.

[28] Matthäus 7, 26ff
[29] Dietrich Bonhoeffer: Nachfolge
[30] Matthäus 23, 11

## [38] Ein Leib werden – um Jesu willen geschwisterlich leben

Wir sind gerufen, als Glieder der Kommunität in verbindlicher Gemeinschaft zu leben. Gemeinschaft im Namen Jesu ist ein Gefäß, das dem Heiligen Geist Raum bietet und unser Leben kraftvoll macht. Nicht um des Ideals der Harmonie willen, sondern um des Leibes Christi willen teilen wir unser Leben.[31] Daran wird die Welt erkennen, dass wir seine Jünger sind, dass wir Liebe zueinander haben.[32]
Das gemeinsame Leben fordert und fördert. Es fordert und fördert insbesondere den geschwisterlichen Umgang miteinander. Das Einander-als-Geschwister-Annehmen deutet zeichenhaft auf die Verbundenheit, die im wiederkommenden Christus auf uns wartet.
Die Räume der Gemeinschaft müssen immer wieder erkämpft, gereinigt, belichtet[33] und einander gewährt werden. Die Gegenwart der anderen, ihr Anderssein, ihr Zuspruch und ihr Widerspruch fordern uns heraus, in eine größere Liebe zu wachsen. Wir bejahen den Weg des Miteinanders als den Weg mit den konkreten Menschen dieser Gemeinschaft. Die feine Balance von Nähe und Distanz, von Einsam und Gemeinsam muss immer neu gestaltet werden. Wir haben erfahren: „Der Nächste steht uns in Wahrheit nicht im Wege, sondern er steht am Rande des Abgrunds als Schutzengel, der uns hindert, aus den Realitäten hinaus in die Illusion zu treiben."[34]

[31] Hebräer 13, 16
[32] Johannes 13, 35
[33] 1. Johannes 1, 7
[34] Paul Schütz: Warum ich noch ein Christ bin

# Wachstumsverheißungen

## Wonach wir uns sehnen und was uns aufgetragen ist

[39] **Vertrauen**

**– eine Atmosphäre des Wachstums**

Vertrauen schenken heißt,
Vertrauen annehmen können,
sich für Vertrauen entscheiden.
Es beherzt riskieren.

Im Vertrauen zu Gott und den Gefährten
geschieht das Undenkbare:
Jenseits des von uns Vorgedachten
wächst etwas auf, das uns verändert.
Inwendig.

Vertrauen heißt,
mit der Kraft der verborgenen
Gegenwart des Heiligen Geistes
rechnen.

## [40] Nüchternheit
### – eine erwartungsfrohe Bodenständigkeit

Seid nüchtern und seid wach.
Nehmt eure Grenzen wahr,
aber begrenzt nicht Christus in euch.
So wächst eine erwartungsfrohe Bodenständigkeit.

Wir sind noch nicht am Ziel,
aber wir kennen die Fährte des Lebens.
Der Weg wird noch dauern,
aber die Spuren der Freude sind schon
unverkennbar eingeschrieben in unsere Herzen.

## [41] Demut
### – mit großem Mut klein sein können

Nicht auf hohe Dinge aus,
sondern hingezogen zu den Menschen,
Beziehungen auf Augenhöhe suchend,
nicht dominieren oder unterwerfen.

Sich ausstrecken nach wachsender Gottesfurcht
und wachsen in schwindender Menschenfurcht.
So wird die Angst vor der Konfrontation
mit dem Anderen kleiner,
und der Glaube,
dass Gott etwas Neues schaffen will,
wird größer.

Wahrheit und Liebe zusammenhalten,
nichts für sich selber suchen.
Empfangend und gebend leben,
getragen sein und andere tragen.

Christus wird getragen in Herzen der Hoffnung.
Wir können ihn nur so lange tragen,
wie wir uns von ihm tragen lassen.
Dieses innere Einwilligen ist Demut.

Hochgemut lebt der Demütige.

# Demut

## [42] Reife
### – sein und nicht etwas sein müssen

In Christus,
und das heißt auch:
in der Begegnung
mit dem Christus in meinen Geschwistern,
reifen wir zu unserer wahren Identität.
So erwachsen Menschen, die wissen, wer sie sind,
und sich nicht ständig darstellen müssen.

## [43] Hingabe
### – den eigenen Willen kennen und freigeben

Sich hingeben heißt sich riskieren.
Unser Leben ist hochriskant.
Wir verschenken uns an Jesus Christus,
wir erkennen an, dass wir ihm gehören.
Und wir tun es freiwillig, entschieden und mündig:
Nicht aus Angst, sondern im Vertrauen.
Nicht unter Druck, sondern in Freiheit.
Nicht unbedacht, sondern nach reiflicher Überlegung.

Lerne deinen eigenen Willen kennen und artikulieren,
sei bereit, ihn auch loszulassen –
im Vertrauen, dass Frucht daraus wächst.
Du musst dich nicht durchsetzen.
Hingabe an Gott bedeutet: „Dein Wille geschehe".
Aus einer Gemeinschaft hingegebener Menschen
lässt Gott etwas hervorgehen,
was unsere Möglichkeiten übersteigt:
ein Gefäß seines Heiligen Geistes.

## [44] Leidenschaft
### – das Feuer hüten

Weil Jesu Leiden
Rettung schafft,
Anteil nehmen.
Von seiner Retterliebe uns entzünden lassen.
Die Flamme des Geistes weitertragen;
nicht die Asche bewahren,
sondern die Glut lebendig halten.
Dem Durcheinanderbringer entgegenstehen.
Wissen, dass die Zeit für uns läuft.

Die Wahrheit lieben
und aussprechen.
Die Folgen fürchten,
aber nicht scheuen.
Bereit sein, das Unerwartete zu tun,
den Preis zu zahlen.
Die Gefährten in schweren Zeiten besonders suchen.
Immer neu Christus in den Blick nehmen,
weich bleiben auf der Herzhaut,
weil seine Liebe in uns strömen will.

# Kräfte der Zerstörung

## Was uns zu schaffen macht und wie wir Überwinder werden

[45] **Der Geist der Gebundenheit**

Scham umkleidet uns:
Gebundenheiten aus der Geschichte
wirken in unserer Gegenwart.
Falsche Bindungen verhindern authentisches Leben.
Strecke dich aus nach Loslösung.

Halte nicht fest am Mantel der Scham,
der dir zur Gewohnheit geworden ist.
Christus bedeckt deine Blöße
mit einem neuen Kleid.[35]
Lerne es anzulegen
Mal um Mal.
Geh' getrost und aufrecht.
Er geht dir voran.

[35] Jesaja 61, 10

## [46] Der fordernde Geist

Tritt nicht als Fordernder in die Gemeinschaft.
Was du wirklich zu sagen hast,
nenne beim Namen.
Sprich ohne Vorwurf.
Sei dir bewusst,
dass von der Hand mit dem ausgestreckten Zeigefinger
immer auch drei Finger
auf dich zurückweisen.

## [47] Der Geist der Missgunst

Neid ist Eiter in den Gebeinen.[36]
Wir vergleichen uns mit anderen,
um „oben" zu stehen
und „unten" zu definieren –
oder umgekehrt.
Missgunst verunstaltet die Gemeinschaft,
Hetzen errichtet eine Hierarchie der Niedertracht.

Vergleichen setzt an unseren unerfüllten Sehnsüchten an.
Neid verzerrt unseren Blick und vergiftet unsere Worte.
Wo wir aus den Augenwinkeln
aufeinander schielen,
da vermessen wir uns.

Gott gibt mir und dem Anderen
das rechte Maß:
jeder ein geliebtes Original aus seiner Hand.
Die Einzigartigkeit des Anderen
ist Gottes Gabe an mich und an uns.
Freue dich am Reichtum
der Anderen,
lass dich beschenken
und gönne dir selber großzügig
immer wieder etwas Schönes.

[36] Sprüche 14, 30

## [48] Der Geist der Lüge

Lüge und Heimlichkeit
verkleben unsere Herzhaut
und verdunkeln die Gemeinschaft.

Wir atmen kürzer und können
mit der Wahrheit nicht mehr
Schritt halten –
erst das Stolpern und Fallen
macht es offenbar.

Fallen ist menschlich,
es zu verharmlosen ist teuflisch.
Die Lüge im Licht der Wahrheit entmachten
und uns Christus in die Arme werfen:
Das ist wahre Auferstehung.

## [49] Der Geist des falschen Begehrens

Lasst euch nicht einverleiben
und verleibt euch nichts ein,
was nicht an Christus
Maß nimmt.

Inkarnation
heißt Leibwerdung
in Christus.

Maßhalten,
ohne sich leid zu tun,
ist Zeichen
wachsender Christusverbundenheit.

## [50] Der Geist der Gekränktheit

Kränkung schneidet uns ab
von unserem wahren Selbst
und vom Anderen.

Stets kommt Zweifaches zusammen:
Jemand oder etwas
konfrontiert uns in der Gegenwart,
ein tieferer Schmerz aber
meldet sich aus der Vergangenheit.
Wir explodieren oder erstarren.

Etwas in uns krankt noch.
Nimm die Not hinter der Not an,
halte sie ins Licht vor Gottes Angesicht,
bis die Erinnerung Heilung findet.

## [51] Der Geist der Gleichgültigkeit

Gleichgültigkeit
ist die Bereitschaft, meine Würde
und die der Anderen
preiszugeben.

Die Enttäuschung über die Gegenwart
hat die Hoffnung
auf eine Zukunft,
die mich braucht,
überwuchert.

Gleichgültigkeit ist Zukunftslosigkeit.
Darin ist sie verheerender als Hass.

Danken und mich erinnern an Jesu Ruf
ist ein Anfang,
der den Bogen
der Geschichte Gottes mit mir
wieder aufnimmt
und mich mit neuer Erwartung
beschenkt.

## [52] Der Geist der Eitelkeit

Wenn wir tapfer waren
und durchgehalten haben,
wenn wir unser Soll erfüllten und
– mehr noch –
eine zweite Meile mitgegangen sind,
wenn Gott Gelingen gab
und der Segen greifbar ist,
dann
schlägt die Stunde der Eitelkeit.

Die Ehre, die Gott gebührt,
gelangt plötzlich nicht mehr,
wohin sie gehört.
Wir lenken – wie nebenbei –
den Strom des Dankes
und der Begeisterung
in unsere eigene Schale
und spiegeln uns darin.

Eitelkeit
ist der letzte Widerhaken des Teufels,
wenn alles gut, ja sehr gut gegangen
und in der Sache für ihn
eigentlich nichts mehr zu holen ist.

## [53] Der Geist der Überhöhung

Er ist auf Absolutes aus
und klammert am Heiligen.
Er ist wahrlich fromm und unerbittlich gut.
Er gibt sich keine Blöße,
denn davor hat er große Angst.

Darum treibt er,
wen er treibt,
zur Perfektion.
Richtig sein, unangreifbar,
das ist ihm wichtig.

Der Herzschlag der Anderen
bleibt von ihm ungehört.
Es sei denn, sie sind sein Objekt.
Er meidet die Augenhöhe.
Er macht um Banalitäten religiöses Gehabe.
Rituale sind sein Elixier,
alles Unabsehbare ein Gräuel.

Anstrengend, diese Religion der Leistung,
auch wenn sie im Gewand der Leichtigkeit
einherschreitet.

Von allen Geistern, die uns plagen,
ist diesem am schwersten beizukommen.
„Geistliche Ruhmsucht“
nannten ihn die Väter des Glaubens.

Nur wer sich sicher ist,
kann aufbrechen.
Wer aufbricht, muss Unsicherheit in Kauf nehm

# II. Zeiten und Rhythmen

## [54] Grundlagen

Zeit ist Gottes Geschenk an uns.
Sie ist von uns zu empfangen und zu gestalten.
Der geistliche Rhythmus unseres Lebens hilft, gemeinsam aus der Quelle zu schöpfen und sie zu verdanken: Das gibt unserem Sein und Tun Ausrichtung. Wir erstreben einen Rhythmus, in dem Gebet und Arbeit, Ruhe und Aktion, Gemeinschaft und Rückzug in einer lebendigen Spannung stehen.
Es liegt zuerst in der Verantwortung des Einzelnen, den Rhythmus des gemeinsamen Lebens zu halten.
Es liegt sodann in der Verantwortung der Geschwister, einander im Blick zu behalten und zu ermutigen.

## [55] Der römische Brunnen

Aufsteigt der Strahl und fallend gießt
Er voll der Marmorschale Rund,
Die, sich verschleiernd, überfließt
In einer zweiten Schale Grund;
Die zweite gibt, sie wird zu reich,
Der dritten wallend ihre Flut,
Und jede nimmt und gibt zugleich
Und strömt und ruht.
*(Conrad Ferdinand Meyer)*

## [56] Leben wie ein Brunnen

Täglich neu meine Hände ausstrecken
wie eine Schale, empfangen von dem, der alles gibt;
mich erinnern,
dass ich das Wesentliche nicht in mir selber trage.

Den Durst meiner Sehnsucht ihm hinhalten,
den Staub auf meiner Seele von ihm abwaschen,
meine Leere von ihm füllen lassen.
Überfließen.

Dankbar empfangen, was mir durch meine Gefährten zufließt,
geduldig ertragen, was Wellen macht,
leidenschaftlich verbinden, was zusammenströmt –
und überfließen.

Beherzt austeilen, was wir empfangen haben,
den Durst der Feldwege nicht fürchten,
dem Geist des Herrn Bahn bereiten,
die Frucht der Ernte erwarten
und staunen.

## [57] Das Kirchenjahr feiern

Feste sind Hoch-Zeiten des Lebens – wir feiern sie gern. Insbesondere die Feste des Kirchenjahres verdichten die Erfahrung der Heilswege Gottes mit seinem Volk: Wir gedenken seiner Treue, Güte und Zuwendung in der Geschichte. Der Atem dieser Geschichten entfacht unsere Glaubens- und Hoffnungsglut immer wieder neu.
Jeder Sonntag im Kirchenjahr hat seine eigene Bedeutung und trägt die Würde eines Auferstehungsfestes und jeder Feiertag gibt dem Leben Halt, Schwung und Zukunft.

## Die Liturgie unseres Alltags

[58] Empfangen ist unsere Grundhaltung gegenüber Gott.

[59] Die Liturgie des Alltags prägt unsere Kommunität.
In der Liturgie des Alltags üben wir täglich eine Lebensform ein, die auf Veränderung zielt: uns im Glauben zu gründen und himmelwärts zu leben. Sie rüstet uns für das tätige Zeugnis in der Welt.
Unsere Liturgie ist eine gewachsene Frucht der Jahre gemeinsamen Lebens. Sie ist kein starres Korsett; sie darf sich mit uns wandeln. An ihrer Veränderung mitwirken kann, wer sie – wie die Gemeinschaft selbst – kennen und lieben gelernt hat.

Das Sich-Hineinstellen in diese gemeinsamen Zeiten hat Vorrang vor allen individuellen oder geistlichen Vorlieben. Der Leib der Gemeinschaft leidet, wenn er unvollständig zusammentritt.
Pünktlichkeit ist ein Zeichen der Achtung Gott und den Geschwistern gegenüber. Ehepaare, die nicht gleichzeitig an der Liturgie des Alltags teilnehmen können, versuchen, einander die Teilnahme zu ermöglichen.

## [60] Gebet – Intimität mit Gott

„Er weckt mich alle Morgen, er weckt mir selbst das Ohr. Gott hält sich nicht verborgen, führt mir den Tag empor."[37] Gott sucht uns. Lassen wir uns finden? Wir wollen Gott begegnen, ihn in unser Leben einladen, jeden Tag neu. Die Form der Einladung darf variieren. Stille, Gebet, Lesung, Betrachtung, Zwiegespräch, Anbetung.
Unsere Seele dürstet danach, angeschaut zu werden. Von diesen Augen-Blicken Gottes her kommt Ruhe und Sättigung in unser Leben. Sein liebevoller Blick will auf uns ruhen. Wir halten still und nehmen sein Ja in uns auf, bevor der Tag mit seinen Anforderungen auf uns einströmt. Wir gönnen uns gelegentlich einen Tag in der Stille.

## [61] Austausch und Gebet

Wir haben erfahren, dass das Aussprechen und Mitteilen von Herzensanliegen vor Gott und den Geschwistern den Einzelnen und die Gemeinschaft stärkt. Wenn wir einander aufrichtig in Gottes Gegenwart begegnen, wächst die Wahrhaftigkeit in uns und zwischen uns.[38] Nicht Neugier, Kontrolle oder unzeitgemäßes Reden, sondern Wahrheit und Keuschheit schaffen zunehmend Vertrauen. Ebenso das Einstehen füreinander im Gebet: Jeder von uns ist bedürftig, und jeder kann den Bruder oder die Schwester vor Gott tragen. Niemand sollte dauerhaft ohne geschwisterlichen Austausch leben. Einmal in der Woche, wenigstens aber einmal im Monat ist ein bewährter Rahmen für alle. Der Austausch findet in Kleingruppen statt, die sich selbst oder auf Anregung des Priorats formieren.

[37] Jochen Klepper, EG 452
[38] 1. Johannes 1, 7

## [62] Mittagsgebet

Zwölf Uhr mittags ist eine gute Zeit, um ein Zeichen zu setzen, das mich gewiss macht, woher ich komme und zu wem ich gehöre. Ein Zeichen, das mich aus dem Getriebe des Alltags und der Arbeit herausnimmt und an die Quelle führt. Ein Zeichen, dass ich nicht alleine stehe und arbeite, sondern zu einer großen Gemeinschaft gehöre, mit der ich in Christus verbunden bin.
Wir müssen im Gebet nichts produzieren, sondern dürfen uns in die Liturgie hineinstellen: in Worte des Gebets, die uns tragen. In der Sammlung vor Gott stehen wir im Gebet ein für die, die uns am Herzen liegen – im nächsten Umfeld oder im großen politischen Horizont. Fürbitte heißt Teilnahme an der Weltregierung Gottes. Alles Beten sammelt sich im Vaterunser.

## [63] Abendgebet

Am Abend geben wir den Tag zurück an Gott und bitten ihn um seinen Schutz und Segen für die Nacht. Möge wachsen und reifen, was gut und wahr darin war, und möge verblassen und abfallen, was keinen Bestand hat. Wir legen aus der Hand, was wir nicht vollenden konnten, und danken Gott für alles, was gelungen ist. Das Abendgebet bietet eine gute Gelegenheit, auch die Kinder in das gemeinsame Gebet der Gemeinschaft hineinzunehmen.

## [64] Seelsorge wahrnehmen

Für das persönliche und geistliche Wachstum ist eine geistliche Begleitung hilfreich und förderlich. Darum verpflichtet sich jeder Gefährte, einen Ansprechpartner für seine Fragen innerhalb oder außerhalb der Gemeinschaft zu wählen und das Priorat darüber in Kenntnis zu setzen. Das Priorat steht den Gefährten beratend zur Seite.
Wir vertrauen auf die durch Christus geschenkte Seelsorge der Geschwister aneinander. Nur wer selbst Begleitung in Anspruch nimmt, kann auch andere Menschen begleiten. „Fachleute" für Seelenkunde sind nach urchristlicher Tradition jene, denen selbst Heilung widerfahren ist. Wir schätzen die Kenntnis psychologischer und sozialer Zusammenhänge, sind uns aber bewusst, dass der größte Schatz in der eigenen reflektierten Lebensgeschichte liegt. Die Gemeinschaft kann Geschwister in das Amt der Seelsorge berufen. Professionelle Therapie kann in Absprache mit dem Priorat in Anspruch genommen werden.

## [65] Beichte

Wir können es nicht verhindern zu sündigen, aber wir wollen es uns auch nicht leisten, wissentlich in Sünde zu leben. Beichte ist das Angebot Gottes an jeden, die Beziehung zu ihm wieder herzustellen und den Leib Christi zu stärken. Beichten ist ein Weg zur Ich-Werdung. Beichten heißt beichten, heißt sagen lernen: Ich war's.
Wir wollen einander priesterlich zur Seite stehen, die Beichte unaufgeregt, beherzt und keusch hören und einander die Vergebung der Sünden in Jesus Christus zusprechen. Geeignet zur Beichte sind Geschwister, die selbst Beichte in Anspruch nehmen, ebenso wie ordinierte Geistliche. Wir wollen darauf achten, dass die Beichte theologisch gelehrt und praktiziert wird.

## [66] Abendmahlsfeier

Jesus Christus lädt zum Abendmahl ein. Er ist der Gastgeber, wir sind die Gäste.
Im Abendmahl gedenken wir des Gekreuzigten, feiern die Gegenwart des Auferstandenen und verkündigen den wiederkommenden Christus.
Das Abendmahl ist das Sakrament der Hingabe Christi, ohne die wir nicht leben können. Wir erleben die beglückende Entgegennahme dieses Geheimnisses und antworten mit unserer Hingabe und Anbetung. Wir feiern das Abendmahl in begründeter Furcht angesichts unserer Sünde und mit befreitem Jubel über den Zuspruch der Vergebung.
Hier stehen wir auch am Quellgrund der Gemeinschaft. Hier ist der Ort, an dem wir unsere Schuld, unsere Verletztheit und unsere Hoffnungslosigkeit eintauschen gegen seinen Frieden und darum auch einander Gottes Schalom zusprechen. Im Abendmahl empfangen wir, was wir sind: Leib Christi; und werden wir, was wir empfangen: Leib Christi.
Wir feiern das Abendmahl unter der Leitung kirchlich beauftragter Liturgen in der Regel wöchentlich; an Kommunitätstagen und in Retraiten täglich.

## [67] Gottesdienste

Die Mitglieder der Kommunität sind auch Teil der Ortsgemeinden. Wir besuchen in der Regel die Gottesdienste der Gemeinden vor Ort, jeder gemäß seiner Konfession. Daneben feiern wir gemeinsam als Kommunität Gottesdienst. Das gemeinsame Feiern gibt uns Schwerkraft nach innen und ist Ausdruck unserer gemeinsamen Spiritualität nach außen. Anbetung und Lobpreis sind die größte Widerstandskraft gegen die destruktiven Kräfte in uns. Wir feiern das Heilshandeln Gottes an uns und an seiner Kirche. Damit wollen wir auch unsere Kinder vertraut machen und laden Freunde und Gäste dazu ein. Unsere Gottesdienste sind in der Regel öffentlich.

## [68] Bibelarbeiten

Es ist unverzichtbar für uns, unser Leben immer wieder neu am Wort Gottes auszurichten und dieses auch miteinander zu verkosten. Die Bibel ist Gottes Wort in Menschenwort: Sie spricht mit Autorität in unser Leben und Denken hinein, nährt uns, fordert uns heraus, korrigiert uns und ruft zur Umkehr. Die Bibel ist Heiligkeit in Worten. Wir vertrauen auf die Wirksamkeit des Wortes durch die Kraft des Heiligen Geistes.
Uns liegt an einem theologisch fundierten Umgang mit der Schrift. Wir wollen den Stamm des christlichen Glaubens und seine jüdischen Wurzeln kennen und verstehen lernen. Das gemeinsame Bibelstudium führt uns in das Denken der Bibel hinein und bringt uns mit persönlich-seelsorgerlichen Fragen ebenso in Berührung wie mit dem großen gesellschaftlichen und apologetischen Horizont.

## [69] Kommunitätstage und Retraiten

Die Vielfalt der Wirkungsfelder der OJC macht regelmäßige Zusammenkünfte der Gefährten notwendig. Wir verstehen uns auch als Erzählgemeinschaft. Die Kommunitätstage und Retraiten sind kostbare Gesprächsorte, an denen wir einander Anteil geben und uns gemeinsam neu ausrichten. Denn „um Zukunftspläne zu schmieden, muss eine Gemeinschaft ihre Vergangenheit gut verarbeitet haben und einen Sinn für die eigene Tradition entwickeln"[39].
Als Kommunität sind wir Glied am Leib der Kirche Jesu Christi, und innerhalb der Kommunität ist jedes Wirkungsfeld und jeder Mitarbeiter Glied am Leib der Gemeinschaft. Gemeinsame Auszeiten ermöglichen es uns, die unterschiedlichen Ebenen unseres Miteinanders zu sortieren und zu verbinden. Kommunitätstage sind Prioritätstage.

[39] Jean Vanier: Gemeinschaft

## Im Kreuz der Wirklichkeit

[70] Das Instrument deines Lebens ist vielsaitig
und deine Seele erklingt,
wenn alle Saiten von Zeit zu Zeit gespielt werden.
Lebendig bist du, weil du die Tonart wechselst.

Vierfach ergreift dich das Leben und moduliert dich weiter:

Du wirst angesprochen von einem Du.
Du antwortest als ein Ich.
Du machst dich mit anderen auf zu einem Wir.
Du gewinnst Abstand und reflektierst das Gemeinsame.

Diese Wandlungen machen dein Leben
lebendig, kosten aber Spannkraft.
Achte darauf, dass du nicht zu lange
in einer Tonart verharrst.

Lass dich ansprechen und antworte –
suche den Rhythmus der Zeiten,
auf dass dein Leben ausdauernd und schöpferisch bleibt.

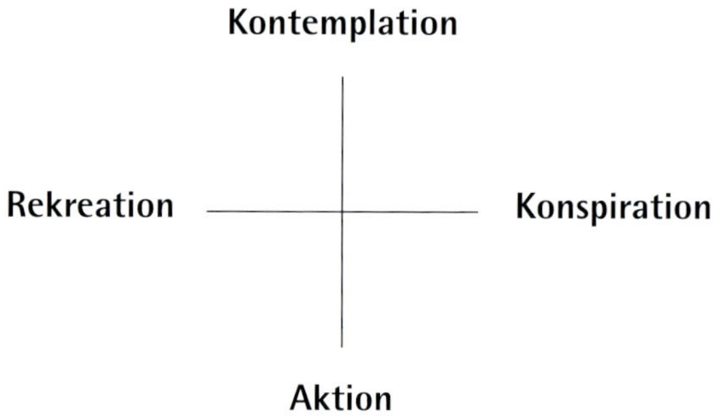


## [71] Kontemplation

Wir suchen die Intimität mit Gott.

> Halte die Schale deines Lebens Gott täglich hin und bitte um lebendiges Wasser. Danke für das Empfangene und eigne es dir an durch Lobpreis, Betrachtung und Wiederholung. Übe dich ein in eine selbstlose Aufmerksamkeit.

## [72] Konspiration

Wir pflegen eine Kultur der Konspiration.
*Conspirare* (lat.) heißt wörtlich miteinander atmen. Es sind die Zeiten des Miteinander-Seins, in denen wir zusammentreten und um gute Wege und Entscheidungen ringen. Dabei hat das gemeinsame Gebet eine große Tragkraft.

> Bring deine Ideen und Visionen ins Gespräch. Nimm den Umweg über die Anderen in Kauf. Mache keine Alleingänge, sondern lass dich bereichern, ernüchtern und ergänzen. Im Miteinander-Atmen und Aufeinander-Hören kann entstehen, was weit über uns hinausweist.

## [73] Aktion

Im Feld der Kontemplation haben wir empfangen. Im Feld der Konspiration haben wir zusammengelegt. Die Aktion gibt uns die Möglichkeit, schöpferisch zu gestalten, was wir weitergeben.

> Hier bist du mit deinen Gaben, deiner Tatkraft und Verantwortlichkeit gefragt. Deine Kreativität und Motivation sind willkommen, um voranzubringen, was getan werden soll.
> Deine Treue und Ausdauer helfen, die nächste Etappe zu erreichen. Qualität ehrt Gott. Gib dein Bestes und tue, was du tust, mit ganzem Herzen.

So setzen wir unseren Auftrag um. Gott will, dass wir Mitgestalter dieser Welt und seines Reiches sind.[40]

## [74] Rekreation – Reflexion

In Zeiten der Rekreation und Reflexion gewinnen wir Abstand zum Erlebten.

> Nimm die dafür notwendigen Zwischenzeiten wahr. Persönlicher Rückzug und Muße haben hier ebenso Raum wie das Feiern, Sport, Bewegung und alles, was dich entspannt.
> Sei Leib und sorge angemessen für ihn. Nimm dir auch Zeit, die Freundschaft mit dir selbst zu leben. Atme auf, komme wieder zu Atem. Gehe langsam und danke Gott für alles, was werden durfte.

Durch die Reflexion des gemeinsam Erlebten gewinnen wir gemeinsame Erkenntnis. So schreibt Gott mit uns Geschichte.

[40] Der Segen Gottes kommt in die Welt, wo aus Liebe um andere gerungen und für andere gelitten wird; dort wachsen Hoffnung und Zukunft für viele. Nach Charles de Foucauld

Der Zielpunkt unserer Hoffnung
ist in Bewegung
und kommt uns entgegen,
mit offenen Armen:
Jesus Christus.

# III. Unregelmäßige Verben – Formationen im Miteinander

## Konjugation des Leibes

### [75] Gelebte Ökumene

Als ökumenische Kommunität in der evangelischen Kirche leben wir als Geschwister unterschiedlicher Konfessionen zusammen. In unserem gemeinsamen Leben erfahren wir die konfessionellen Unterschiede nicht nur als Trennung, sondern als Bereicherung. Wir leiden an der Zerrissenheit der Kirche und wollen dazu beitragen, dass der eine Leib Christi zusammenwächst. Wir verstehen Ökumene als die Verbundenheit all derer, die den Leib Christi auf Erden bilden. Wir lassen uns hineinnehmen in die Sehnsucht Jesu, der für die Einheit seiner Jünger betet. (Johannes 17)

### [76] Konversion

Wir haben uns bewusst für die Formation des Zusammenlebens von Geschwistern unterschiedlicher Konfessionen entschieden. Dazu gehört es, Spannungen auszuhalten und konstruktiv zu gestalten.
Der Eintritt in die Kommunität erfolgt nach einer Zeit der eindringlichen Prüfung in dem Stand der lebensgeschichtlich gewachsenen konfessionellen Zugehörigkeit. Konversion ist nicht vorgesehen, kann aber in seelsorgerlichen Einzelfällen stattfinden. Veränderungswünsche werden vertrauensvoll mit dem Priorat besprochen.

## [77] Die Lebensgruppe

Die Kommunität gliedert sich in Lebensgruppen. Jeder ist Teil einer Lebensgruppe. Diese sollten nicht mehr als 12 Personen umfassen. Sie werden in Absprache mit dem Priorat eingerichtet und bleiben offen für Veränderung. In der Regel treffen sich die Lebensgruppen wöchentlich, alle am gleichen Wochentag. Jede ist für die Treffen selbst verantwortlich.
Es hat sich bewährt, eine Leitung zu ernennen.
Die Lebensgruppe ist ein Raum zur geschwisterlichen Erbauung. Spaß und Spiel finden hier ebenso ihren Platz wie der persönliche Austausch und das gemeinsame Gebet. Hier werden Geburtstage und Jahresfeste gefeiert, Kranke versorgt, Unternehmungen geplant und Gemeinschaft gepflegt.
Die Begrüßung des Sonntags mit Kindern und Gästen ist ein besonderer Schatz, der hier beheimatet ist.

## [78] Die Dienstgemeinschaft

In der Arbeit gibt Gott uns Anteil an seinem schöpferischen Handeln in der Welt. Darum tun wir unser Werk mit Sorgfalt und Leidenschaft. Wir hüten uns davor, uns miteinander zu vergleichen, arbeiten einander zu und lassen uns ergänzen. Nur gemeinsam können wir etwas bewegen. Darum halten wir Absprachen und Kommunikationswege ein und erkennen in guten Strukturen hilfreiche Gefäße. Die Entdeckung und richtige Zuordnung der verschiedenen Gaben schafft Freude und Gelassenheit und inspiriert den Arbeitsprozess.

> Sei Teil deines Teams und darauf bedacht, dass sich deine Arbeit nicht schleichend verselbständigt. Gib den Zuständigen Rechenschaft. Sei auf der Hut davor, deine Grenzen dauerhaft zu überschreiten, innerlich zu emigrieren oder nur noch von Urlaub zu Urlaub zu leben. Bleib am Leib. Achte darauf, dass dein Beitrag das Zeugnis des Ganzen unterstützt.

SICHHINGE
BENHEISSTS
ICHRISKIER
EN.UNSERL
EBENISTHO
CHRISKANT.

# Konjugation der Stände

[79] Es gehört zum Grundcharisma unserer Kommunität, das Leben mit Männern und Frauen, Verheirateten und Ledigen, Familien, Kindern und Gästen zu teilen. Wir sind herausgefordert, zu entdecken und zu entfalten, was die unterschiedlichen Stände einander zu geben haben. Wachstum entsteht nicht in gegenseitiger Einengung, Unverbundenheit oder symbiotischen Beziehungen, sondern im gewagten Vertrauen und in der verbundenen Selbständigkeit.

> Bringt einander Achtung entgegen, haltet Maß und sucht aufrichtige Begegnungen.

[80] **Ledige**

Wir achten und respektieren die Berufung von Ledigen und Verheirateten als vollkommen gleichwertig.[41] Ledige leben die Würde ihres vollgültigen Standes in der Tradition vieler Apostel und auch von Jesus selbst. Geschöpfliches Leben in der Kommunität heißt auch, den eigenen Lebensraum zu gestalten. Ein eigener Lebensbereich ist Ausdruck der Persönlichkeit.

Eine besondere Gabe der Ledigen ist es, sich der Gemeinschaft zur Verfügung zu stellen. Darin sind sie freier, aber auch gefährdeter als die Familien. Deshalb ist es Aufgabe aller Gefährten, den Ledigen in besonderer Weise Schutzräume und geschwisterliche Unterstützung zukommen zu lassen.

[41] 1. Korinther 7, 7

## [81] Ehepaare

Jedes Ehepaar ist schon eine kleine Gemeinschaft. Sie sind gemeinsam in die Kommunität gekommen, um hier ihre Berufung zu leben. Das heißt, es müssen zwei Gemeinschaftsrhythmen aufeinander abgestimmt werden: der eheliche und der kommunitäre.
Ehepaare ohne Kinder haben ähnliche Freiräume wie die Ledigen, sich für die Belange der Gemeinschaft zur Verfügung zu stellen. Für Ehepaare mit heranwachsenden Kindern wächst dieser Raum zunehmend. Es gehört zum Charisma und Auftrag unserer Gemeinschaft, unsere Lebensräume für andere zu öffnen. Das beinhaltet nicht zwingend ein Leben mit „gläsernen Türen", wohl aber mit offenem Herzen. Je nach Gabe und Aufgabe entscheiden sich alle Stände grundsätzlich für ein Leben, das ihnen „andrer Leuts Kinder" in die Wohnung bringt.

## [82] Familien

Familien mit Kindern sind in besonderer Weise Anschauung für das Wunder der Schöpfung mitten unter uns. Familien sind in sich eine größere Gemeinschaft. Kinder werden mit in die Gemeinschaft hineingestellt oder hineingeboren. Familien müssen drei Gemeinschaftsrhythmen aufeinander abstimmen: den ehelichen, den familiären und den kommunitären.
Die Verfügbarkeit der Familien ist je nach Alter der Kinder unterschiedlich. Grundsätzlich gilt: Je kleiner die Kinder, desto größer der Schutzraum. Wir üben uns darin, die Weichheit des Willkommens anderer und die Festigkeit im Begrenzen der kleinfamiliären Räume lebendig zu gestalten.
Die Gefährten unterstützen die Familien dabei, Familienleben und kommunitäres Miteinander aufeinander abzustimmen.

## [83] Kinder

Die Kinder sind ein besonderer Schatz in der Gemeinschaft. Sie gehören zu ihr, weil ihre Eltern der Berufung in die Kommunität gefolgt sind. Die Erziehung der Kinder ist zuvorderst deren Aufgabe. Wir wollen die Kinder in ihrem eigenen Stand achten und ihnen am Reichtum des gemeinschaftlichen Lebens Anteil geben. Wir freuen uns, wenn ihnen die Gemeinschaft eine zweite Familie werden kann, und achten darauf, dass die Dichte des Zusammenlebens sie nicht überfordert.
Es ist kein Ziel, aus dem Kreis der Kinder zukünftige Kommunitätsmitglieder zu rekrutieren. Wir wollen den Kindern die Kultur unseres christlichen Glaubens erschließen und wünschen uns, dass sie in eine persönliche Beziehung zu Jesus Christus finden. Mit zunehmendem Alter sollen sie in der Lage sein, sich in guter Weise von ihren Eltern und der Gemeinschaft abzulösen. Wir vertrauen darauf, dass Gott weiß, wo und wie ihr Leben fruchtbar werden kann.

# Konjugation von Berufung

[85] Jede Berufung, die von Gott ausgeht, zieht Menschen in eine Beziehung zu ihm und damit immer auch in vielfältige Beziehungen zu anderen Menschen. Die größte Herausforderung des Lebens, das eigentliche Abenteuer, sind die Begegnungen mit Gott und mit Menschen.

[86] **Berufung**

In deinem Namen liegt ein Schatz und ein tiefes Geheimnis verborgen. Der Liebe deiner Eltern wurdest du geschenkt. Gott hat dich gewollt, bei deinem Namen gerufen, du gehörst zu ihm.
Jesus Christus hat dich gerufen, mit ihm ins Vaterhaus einzutreten. Du hast deine Kindschaft erkannt und ergriffen. Von diesem unverbrüchlichen Zuhause kannst du den Aufbruch mit den Gefährten der OJC erwägen und prüfen.
Bist du in den Stand der Ehe gerufen worden, sollte dieser Stand einige Jahre gefestigt sein, bevor du dich als Assoziierter auf den Weg machst.

## [87] Assoziiert sein

Wer den Ruf in die Kommunität erhält, prüft, ob seine Berufung an diesen Ort, zu diesem besonderen Auftrag und zu dieser Spiritualität und Lebensform zu seiner Sendung wird.

> In dieser Zeit bist du eingeladen, dich und deine persönlichen Fragen, aber auch die Kommunität, ihre Geschichte, ihren Auftrag, die Gefährten und ihre Spiritualität kennenzulernen. Du wagst die ersten Schritte und nimmst die Zumutungen der Gemeinschaft an. Du gehst den Glaubensweg mit und lässt anderes hinter dir.

Die Assoziierten werden vom Priorat und hinzuberufenen Mitarbeitern im Rahmen des Assoziiertenkurses begleitet.
Die Assoziiertenzeit ist Prüfungszeit. Sie dauert in der Regel 3-6 Jahre. Verlässt ein Assoziierter nach einer Zeit der Prüfung die Gemeinschaft, so wird er im Rahmen einer geistlichen Feier entbunden. Nach dem Ausscheiden aus dem Assoziiertenstatus leiten sich daraus keine weiteren gegenseitigen Ansprüche ab.

## [88] Sich entscheiden

Der Zeitpunkt der Entscheidung ist der Höhepunkt der Assoziiertenzeit. Es geht im Kern um die Frage des richtigen Platzes für die eigene Sehnsucht.

> Wo kannst du dem Reich Gottes am besten und von ganzem Herzen dienen?[42] Führt dein Weg in die Kommunität, so ist diese Klarheit ebenso wertvoll wie die Erkenntnis, dass Gott eine andere Sendung für dich hat. Das Wachstum deiner Beziehung zu Gott und zu dieser Gemeinschaft sowie dein Ja zu unserem Auftrag sind zentrale Kriterien für eine Entscheidung. Du entscheidest dich für die Gemeinschaft, so wie sie ist. Du bist bereit, sie zu tragen und mitzugestalten. Wenn die Entscheidung zur Klarheit für beide Seiten reif ist, wird sie von der Gemeinschaft bestätigt. Der letzte Schritt bleibt ein Springen im Vertrauen auf Gott. Das Leben wächst bei Ja und Nein.[43]

[42] Matthäus 6, 33
[43] Eugen Rosenstock-Huessy

## [89] Lebendiges Opfer

Wenn du dich für ein Leben in der Kommunität entscheidest, legst du deine ganze Existenz neu in Gottes Hand und verbindest den wesentlichen Teil deiner Freiheit sichtbar mit den Geschwistern. Das kann nur auf der Basis der Verbundenheit in Christus gelingen. Aufgrund der erfahrenen Barmherzigkeit geben wir unsere Leben hin als ein lebendiges Opfer.[44]

Wir wollen unsere Hingabe beherzt leben: freiwillig, entschieden, mündig.
Der Eintritt in die Gemeinschaft macht endgültig klar, dass es die Gemeinschaft als Gegenüber für dich nicht mehr gibt, es gibt nur noch deine Gemeinschaft. Die Gemeinschaft, das sind du und ich und wir, die sich füreinander entschieden haben, das sind die Geschwister, die du mit Namen kennst.

[44] Römer 12, 1

## [90] Aufgenommen werden

Der Prior lädt dich nach Anhörung der Gefährten in die Gemeinschaft ein. Du antwortest auf diese Einladung. Die Gefährten bestätigen deine Aufnahme. Sie sagen Ja zu dir, so wie du bist. Die Entscheidung füreinander steht im Horizont deines ganzen Lebens. Ehepaare können nur gemeinsam aufgenommen werden; der Ehebund steht über dem Bund der Gemeinschaft.

Der Schritt in die Kommunität schafft eine neue geistliche Wirklichkeit. Die Formation der Gemeinschaft verändert sich durch dein Kommen und Mit-Sein. Auch dein Leben und deine Lebenskultur nehmen eine neue Gestalt an.

Du wirst in den Bund der Gemeinschaft aufgenommen. Die Aufnahme erfolgt zunächst im Kreis der Gefährten, anschließend öffentlich im Rahmen einer geistlichen Feier. Zum Zeichen deiner Zugehörigkeit und Aufnahme erhältst du das Siegel dieser Kommunität (Ring, Medaillon, Nadel). Von nun an ist diese Gemeinschaft die deine; du bist mit verantwortlich für ihre Treue. Deine Aufnahme ist Zeichen der Hoffnung am Leib der Kirche; im Wagnis wird die Kirche wieder jung.

## [91] Wachsen und Bleiben

Mit dem Eintritt in die Kommunität gelangt eine Wegstrecke zum Abschluss – eine neue beginnt. Der Eintritt ist nicht das Ziel, sondern der Boden für ein Wachsen in eine größere Liebe. Nur wer sich wandelt, wird bleiben. Wer nur bleiben will, der wird nicht bleiben können. Es ist gut, diesen Horizont schon in der Zeit der Prüfung nüchtern anzuschauen.
Auf dem gemeinsamen Weg werden Spannungen, Enttäuschungen und Scheitern nicht ausbleiben. Hier besteht die Gefahr der inneren Emigration. Die Voraussetzung für inneres Wachstum und für ein lebendig bleibendes Miteinander sind das Annehmen der Wirklichkeit und die Versöhnungsbereitschaft mit sich selbst und den Geschwistern. Wachstumsziel der Gemeinschaft ist das Reifen in die Ebenbildlichkeit Christi. Wir sind niemals am Ziel, sondern bleiben begnadete Anfänger. Beieinander bleiben und einander tragen in guten und in schweren Tagen ist eine Qualität des Christus in uns. In ihm ist die Treue verbürgt.

## [92] Den Stand wechseln

Wir haben uns bewusst für die Formation des Zusammenlebens von Männern und Frauen unterschiedlicher Stände entschieden. Die Berufung in die Kommunität erfolgt nach einer Zeit der eindringlichen Prüfung entweder im Stand des Ledigen oder als Ehepaar. Dennoch ist es möglich, dass sich der Stand ändert, sei es durch Heirat oder durch den Verlust des Ehepartners (Verwitwung, Scheidung). Absehbare Veränderungen sollten vertrauensvoll und nach Möglichkeit frühzeitig mit dem Priorat besprochen werden.

## [93] Ruhen der Kommunitätszugehörigkeit

In lebensgeschichtlich bedeutsamen Umbrüchen kann die Zugehörigkeit zur Kommunität ruhen. So kann notwendiger Freiraum zur Neuorientierung ermöglicht werden.

## [94] Trennung

Die Trennung eines Kommunitätsmitgliedes von der Kommunität ist der Sonderfall. Sie ist möglich, aber eigentlich nicht vorgesehen. Wenn trotz gemeinsamer Prüfung und intensiver Beratungen kein Miteinander mehr möglich ist, kann die Trennung ein schmerzhafter, aber richtiger Weg sein, um einen tiefen Konflikt zu lösen oder eine Neuorientierung zu ermöglichen.

Bittet ein Gefährte um Entbindung, so wird die Leitung der Kommunität nach angemessener Prüfung ohne unnötige Verschleppung handeln. Von Seiten der Kommunität kann nur der Prior die Entbindung eines Gefährten einleiten. Es braucht dafür schwerwiegende Gründe, eine zeitlich ausreichende Prüfung der Situation und die Zustimmung von Priorat und Vorstand.

Einen tragenden biblischen Kontext der Trennung von Gefährten schildert die Apostelgeschichte. Paulus und Barnabas trennen sich – nicht ohne Konflikt, aber ohne Spaltung –, damit jeder dem Auftrag zur Mission auf die ihm angemessene Weise folgen kann.[45]

Es ist uns wichtig, auch tiefe Krisen miteinander durchzustehen – im Wissen, dass ein geistliches Miteinander nur fruchtbar bleibt, wenn es nicht erzwungen ist.

[45] Apostelgeschichte 15, 36-41

## [95] Austritt

Kommt es zum Austritt aus der Kommunität, so wird diese den Gefährten mit einem Segen entlassen und ihm eine angemessene Starthilfe für den Neuanfang geben. Da Ehepaare grundsätzlich nur gemeinsam eintreten, endet mit dem Austritt eines Partners auch die Zugehörigkeit des anderen Partners zur Kommunität.
Mit dem Ausscheiden aus der Kommunität geht der Austritt aus dem Verein Offensive Junger Christen – OJC e.V. einher.

Nimm die Not hinter der Not an,
halte sie ins Licht vor Gottes Angesicht,
bis die Erinnerung Heilung findet.

# Konjugation der Lebensalter

[96] Zum Charisma unserer Gemeinschaft gehört, dass Menschen unterschiedlichen Lebensalters zusammenleben.

> Glaube bei den Alten,
> Hoffnung bei den Jungen
> und Liebe zwischen beiden[46]
> sind ein Zeugnis für das Wachsen der neuen Schöpfung,
> des Leibes Christi in der Welt.

Jedes Lebensalter in der Kommunität muss in seinen Chancen und Grenzen wahrgenommen, die Übergänge gestaltet und die Herausforderungen einer neuen Phase angenommen werden.

[46] Eugen Rosenstock-Huessy

## [97] Sturm und Drang

In den jungen Jahren der Gefährtenschaft hat man die Möglichkeit, die Formation der Gemeinschaft kennenzulernen, sie mitzugestalten und zunehmend in Verantwortung hineinzuwachsen.

> Habe Geduld mit dir und den anderen – Gott hat sie auch. Achte das Gewordensein der Gemeinschaft und sei bereit, neue Wege und Sichtweisen einzubringen. Bring den Älteren stets Achtung entgegen.

## [98] Lebensmitte

Die Erfahrung zeigt, dass die Lebensmitte in besonderer Weise eine Zeit der Krise, der Erschütterung und des Abschiednehmens ist. Diese Jahre sind entscheidend, um bei Gott wirklich zur Ruhe zu finden und bei uns selbst anzukommen. Gleichzeitig können es äußerlich die produktivsten Jahre sein.
Innere und äußere Ereignisse, die in dieser Zeit oft geballt auftreten, machen sie mitunter zu kraftraubenden Wechsel-Jahren. Die Ledigen nehmen ggf. noch einmal bewusst Abschied von der Möglichkeit einer Ehe. Die Eltern nehmen Abschied von ihren erwachsen werdenden Kindern.
Wir wollen die Lebensmitte als geistliche Aufgabe ernst nehmen und einander bei einer guten Weichenstellung für die zweite Lebenshälfte unterstützen.

## [99] Alter

Mit zunehmendem Alter ist die Bereitschaft gefordert, loszulassen. Dieser geistliche Weg gehört zum Schwersten und Befreiendsten in unserem Leben. Wir kommen der Ewigkeit näher.

> Wirst du älter, so sei großherzig mit den Jüngeren. Freue dich an ihnen und achte ihren Mut und ihre Entschlossenheit, den Mitweg der Gefährten zu wagen. Trage ihre Herausforderungen und Schwierigkeiten im Gebet.

Christus will seine Botschaft und seinen Leib mit jeder Generation neu zum Klingen bringen. In der Zeit nach der Erwerbstätigkeit kann jeder nach Absprache mit der Leitung nach seinen Kräften weiter am Arbeitsprozess teilhaben. Die Gemeinschaft will darauf achten, dass die Zeiten der Ruhe wachsen und sich eine ganz neue Seite entfalten kann; vielleicht auch an einem neuen Ort. Altwerden ist ein herrlich Ding, wenn man gelernt hat, was anfangen heißt.

## [100] Hohes Alter

Das Leben in der Kommunität schließt auch das Sterben mit ein. Wer sein Leben mit den Gefährten gemeinsam investiert hast, darf es auch im Kreis der Geschwister vollenden.
Wir sorgen füreinander und wollen in Absprache mit den Angehörigen Verantwortung übernehmen und wenn dauerhafte Pflege notwendig ist, nach der besten Möglichkeit Ausschau halten.
Diese Welt ist eine Brücke. Das Leben ist Anlauf und Bereitung, der Tod der Absprung, die Auferstehung die Ankunft im Land der Freude ohne Ende.

## [101] Sabbatzeiten

Die Gefährten unterstützen und ermutigen einander darin, notwendige Sabbat- oder Rückzugszeiten wahrzunehmen. Die Entscheidung darüber liegt bei der Leitung der Kommunität.

# Konjugation von Leitung

[102] Die tiefste Bestimmung von Leitung ist es, das Wachstum der Einzelnen zu ermöglichen. Wächst der Einzelne, wächst auch die Gemeinschaft. Leitung richtet sich auf die Entfaltung und Vertiefung des gemeinschaftlichen Auftrags. Darum ist Innovation ihr zentrales Anliegen.
Leiterschaft braucht Weitblick, Wagemut und Gelassenheit. Gemeinschaft braucht befähigte Menschen, denen der Freiraum gewährt wird, Leitung wahrzunehmen und auszuüben.

## [103] Kurze Hierarchie

Die Gefährten sind in ihrer innersten Beziehung Geschwister in Christus. Er ist das Haupt, wir sind die Glieder. Auf ihn hin sind wir einander zugeordnet. Die einzige legitime Grundlage, das überbrückende und notwendige Mittel von Leitung anzunehmen und auszuüben, ist die grundlegendere „kurze Hierarchie" auf Christus hin. Im Horizont des Letzten sind alle gleich und das heißt, gleich bedürftig: Wir sind Gerechte und Sünder zugleich.[47]
Vor Christus stehen alle auf Augenhöhe. Exemplarisch und sichtbar feiern wir diese kurze Hierarchie im gemeinsamen Abendmahl. Dem Kleinsten und Jüngsten ist Christus ebenso nah wie dem Prior oder dem Ältesten.

[47] *Simul iustus et peccator.* Martin Luther

## [104] Kommunitätsrat

Der Kommunitätsrat ist die Versammlung derer, die sich für ein Leben in der Kommunität entschieden haben und in die Kommunität aufgenommen wurden. Die Assoziierten haben am Kommunitätsrat Anteil. Sie sollen mitreden, haben aber noch kein Stimmrecht.

Vom Kommunitätsrat geht die grundlegende und legitime Macht der Kommunität aus. Er wählt die Leitung der Gemeinschaft.
Der Kommunitätsrat wählt den Prior, den geistlichen Leiter der Kommunität.
Alle Kommunitätsmitglieder sind Mitglieder des Vereins Offensive Junger Christen – OJC e.V. Die Vereinsmitglieder wählen den Prior zum 1. Vorsitzenden und die Mitglieder des Vorstandes.
In der Person des Priors kommen die Ämter der politischen und geistlichen Leitung zusammen.
Der Kommunitätsrat bestätigt das vom Prior ernannte Priorat und die vom Priorat und vom Vorstand gemeinsam ernannten Bereichsleiter. Die Bereichleiter sind Teil der politischen Leitung. Durch die Bestätigung legitimiert der Kommunitätsrat das Priorat und die Bereichsleiter und spricht ihnen sein Vertrauen aus.
In begründeten Fällen kann der Kommunitätsrat, um die Zukunft der Kommunität zu wahren, die Leitung mit einer Zweidrittel-Mehrheit abwählen, eine Übergangsleitung bestimmen und Neuwahlen erwirken.

## [105] Entscheidungen

Weitreichende Entscheidungen[48] werden von allen Mitgliedern der Kommunität gemeinsam beraten, getroffen und getragen. Eine Entscheidung ist weitreichend, wenn ein Drittel der Gefährten sie für weitreichend hält. Es wird die größtmögliche Übereinstimmung gesucht. Wesentlich dabei sind der Dialog und die Vielstimmigkeit im Abwägen offener Fragen. Wird eine gemeinsame Entscheidung getroffen, so ist das sehr gut.

In weitreichenden Fragen, in denen kein gemeinsamer Konsens gefunden werden kann, die aber auch nicht vorläufig beantwortet oder verschoben werden können, gilt: Den Gefährten obliegt die Erörterung und Unterscheidung des Problems, dem Prior die Entscheidung.

Entscheidungen gehören personalisiert. Wir wollen es nicht akzeptieren, dass sich die Verantwortung für Entscheidungen in anonymen Gremien verliert. Das gilt insbesondere für Personalentscheidungen.

Für alle Entscheidungen ist grundsätzlich der Geist der Grammatik richtungsweisend. Es geht uns weniger um Prinzipien und grundsätzliche Regelungen als vielmehr darum, personen- und situationsbezogen angemessen zu entscheiden.

[48] Etwa eine Änderung der geistlichen Ausrichtung, die Umwidmung eines bestehenden Projektes, das Projekt einer Neugründung, der Verkauf einer Immobilie

## [106] Selbstleitung

Jeder ist gerufen, in die Befähigung zu leiten hineinzuwachsen. Das bedeutet zuerst Selbstleitung. Mündigkeit ist ein Wachstumsziel aller Mitarbeiter. Wer in guter Weise Leitung durch andere annimmt, wird auch andere leiten können. Eigenverantwortung kann nicht an die Leitung der Gemeinschaft delegiert werden. Jeder ist gefordert, Leitungsverantwortung für die Gemeinschaft im Rahmen seiner Aufgaben und im Horizont unseres gemeinsamen Auftrags wahrzunehmen.

## [107] Autorität

Zugesprochene Autorität und Handlungsmacht sind kein Selbstzweck, sondern stehen im Dienst der Geschwister als notwendige und zweckmäßige Führungselemente der Kommunität. Sie dienen nicht Eigeninteressen, sondern dem Wachstum der Einzelnen und der Gemeinschaft als Ganzes. Wer mit Autorität Macht ausübt, dem kommen die Aufgabe und das Vermögen zu, etwas zusammenzuhalten und Form zu geben.[49] Wahrhaftige Autorität weiß, dass sie nur im Dienst dessen bestehen kann, der alle Autorität besitzt: Einer ist euer Meister, Christus; ihr aber seid alle Geschwister.[50] Die geistliche Vertrauensfrage, mit der die Autoritätsfrage in engem Zusammenhang steht, entscheidet sich niemals an den außerordentlichen Gaben, über die jemand verfügt, sondern an der Treue, mit der er im Dienst Jesu steht.
Von ihm her und auf ihn hin verstehen wir unsere Ämter, wollen wir Leitung ausüben und Weisung annehmen.

[49] Macht kommt vom indogermanischen *magh* und bedeutet: das Vermögen, etwas zusammenzuhalten und zusammenzukneten.

[50] Matthäus 23, 8

## [108] Geistlicher und politischer Bereich

Auf der Basis der kurzen Hierarchie wollen wir Leitung zweckmäßig ausüben. Wir unterscheiden dabei den geistlichen und den politischen[51] Bereich. Beide sind aufeinander bezogen wie zwei Schalen einer Waage.

## [109] Die Schalen der Waage

Um das Ebenmaß zwischen politischer und geistlicher Leitung zu wahren und die Kommunität nicht zu lähmen, ist eine ausgeprägte Kultur des Vertrauens und des gegenseitigen Wohlwollens notwendig. Wir wollen darauf achten, dass beide Lebensbereiche einander die Waage halten und politische und geistliche Leitung nicht gegeneinander ausgespielt werden. Es ist die gelebte Kultur der Gefährten, die die Entscheidungen der Leitungsgremien fruchtbar werden lässt.

## [110] Die Leitungsämter

Leitungsverantwortung qua Amt nehmen wahr:

- der Prior mit dem Priorat (geistliche und politische Leitung)
- der Vorstand (politische Leitung)
- die Bereichsleiter
- die Begleiter

[51] Politisch verstehen wir hier im Sinne von Hannah Arendt: Politik ist die Kunst, den Raum der Gemeinschaft freiheitlich zu gestalten.

## [111] Die geistliche Leitung – das Priorat

Das Priorat wird vom Prior für die Periode seiner Amtszeit berufen und vom Kommunitätsrat bestätigt. Bei der Neuwahl des Priors wird das Priorat neu berufen.
Das Priorat ist für die geistliche Leitung der Kommunität zuständig. Es kümmert sich um das Wachsen der Gemeinschaft und der Einzelnen auf Christus hin. Die Aufgabe der geistlichen Leitung, zuvorderst des Priorats und ggf. anderer autorisierter Begleiter, ist es, den geistlichen Weg der Gemeinschaft im Blick zu behalten, Problemlagen und Konfliktfelder wahrzunehmen, Gespräche zu suchen und Entscheidungen zu treffen.

## [112] Die politische Leitung – der Vorstand

Der Vorstand wird von den Mitgliedern des Vereins Offensive Junger Christen – OJC e.V. gewählt. Er kümmert sich um die pragmatischen und zweckmäßigen Belange der Kommunität und vertritt sie als Rechtsträger. Zu den Aufgaben des Vorstandes zählen insbesondere die finanziellen, immobilen, strukturellen und personellen Rahmenbedingungen der Kommunität. Zusammen mit den Bereichsleitern nimmt er Verantwortung für die Gemeinschaft nach innen wie nach außen wahr.[52]

[52] Näheres regelt die Satzung des Vereins Offensive Junger Christen – OJC e.V.

## [113] Bereichsleiter

Für jeden zentralen Arbeitsbereich der Kommunität berufen Priorat und Vorstand gemeinsam einen Bereichsleiter. Die Berufung muss vom Kommunitätsrat bestätigt werden.
Die Aufgabe der Bereichsleiter ist es, in ihrem Bereich Leitungsverantwortung zu übernehmen, Innovationen zu entwickeln, für die Mitarbeiter zu sorgen und im Rahmen ihrer Kompetenzen notwendige Entscheidungen zu fällen. Ihnen obliegt zuvorderst die politische Leitung ihrer Bereiche. Die Bereichsleiter sorgen dafür, dass der Bereich die angestrebten Ziele erreicht und sich wachstümlich entwickelt. Es liegt in ihrer Verantwortung, den besonderen Dienst des Bereiches immer wieder im Ganzen der Gemeinschaft und ihres Auftrages zu verankern.
Die Bereichsleiter nehmen an den Vorstandssitzungen teil und arbeiten mit dem Priorat zusammen. Sie nehmen ihr Amt so lange wahr, bis sie abberufen bzw. zu einer anderen Aufgabe berufen werden.

## [114] Begleiter

Die Leitung bezieht nach Bedarf in politische und geistliche Beratungen, Wachstumsprozesse und wichtige Entscheidungen kompetente Begleiter von außen mit ein. Nach Möglichkeit sollte ein Spiritual von außen regelmäßig mit der Kommunität in Kontakt stehen und die Gemeinschaft wie auch die Einzelnen als Ohr und Ratgeber begleiten.
Als Begleiter gesucht und unterrichtet ist auch der jeweilige Kommunitätenbischof, der Beauftragte des Rates der Evangelischen Kirche in Deutschland (EKD), für den Kontakt zu den Kommunitäten.

## [115] Der Prior

Ein hörendes Herz,
keine Angst haben und keine Angst machen,
die Wahrheit lieben und die Liebe wahren.

Christus im Bruder und in der Schwester sehen,
Klarheit und Barmherzigkeit zusammenhalten,
bereit, die zweite Meile mitzugehen.

Keine Macht brauchen,
mutig Entscheidungen treffen,
ganz Gefährte sein, doch die Einsamkeit nicht scheuen.

Rat suchen und Rat geben,
Fehler eingestehen und Fehler zugestehen,
in Rufweite zu Christus bleiben.

Sich selbst vergeben,
unnachgiebig in wirksamer Konsequenz,
immer darauf bedacht, Vertrauen zu stiften
und Wachstum zu fördern.

Über das Erbe wachen und mutig neue Wege beschreiten.
Die Grammatik inwendig, die Vision auswendig,
Menschen zugewandt.

Andern Verantwortung übertragen,
sie aber nicht sich selbst überlassen.
Der nächsten Generation den Weg bereiten.

Entbehrlich werden.

## [116] Amtszeit des Priors

Der Prior wird von den Mitgliedern der Kommunität für 4 Jahre gewählt. Seine Wiederwahl ist möglich. Seine gesamte Amtszeit darf 12 Jahre nicht überschreiten.
Nach seinem Ausscheiden räumt die Kommunität ihm einen angemessenen Abstand zur alten Wirkungsstätte ein, um der neuen Leitung Raum zu ermöglichen. Der scheidende Prior sollte mindestens im ersten Jahr keine leitende Aufgabe in der Kommunität übernehmen. Nach Abgabe des Leitungsamtes tritt er in den Kreis der Geschwister zurück.

## [117] Widerspruch

Die Gemeinschaft lebt nicht von der Unfehlbarkeit des Priors, sondern von der wachsenden Mündigkeit der Gefährten. Ebenso christlich wie der Gehorsam ist darum der Widerspruch. Entsteht der Eindruck, der Prior missbrauche seine Macht und führe die Gemeinschaft einen eigenmächtigen Weg, so ist Widerspruch geboten. Jeder Gefährte ist dem Prior ein geschwisterliches Gegenüber. Um die Verantwortung seines Amtes zu tragen, braucht er die Unterstützung und das Gebet aller Geschwister.

## [118] Amtsführung

Wir achten darauf, dass Autorität an Ämter gebunden ist, nicht an Personen. Wer aus einem Amt ausscheidet, gibt die Befugnisse dieses Amtes wieder ab. Männer und Frauen sind grundsätzlich gleichermaßen in der Lage und berechtigt, Ämter in der Gemeinschaft zu besetzen. Hast du ein Amt inne, so führe es beherzt und in Demut vor Gott und deinen Geschwistern. Gebrauche es nicht, um deine eigene Macht aufzubauen. Lerne klar zu unterscheiden und innig zu verbinden. Binde dein Selbstwertgefühl immer neu an die Liebe Gottes und nicht an dein Amt und deine Aufgaben.

# atme auf

# Konjugationen im Zusammenleben

## [119] Atmosphären

Damit Gemeinschaft gelingt, braucht es Atmosphären des Willkommens. Es ist die Aufgabe jedes Einzelnen, Atmosphären zu ermöglichen, in denen Menschen zu einem „Wir" werden und sich in Wahrheit begegnen. Dass aus unterschiedlichen Menschen ein „Wir" wird, bleibt immer ein Werk und Wunder des Heiligen Geistes.

## [120] Der Tisch

Das innigste Sakrament, das Jesus gestiftet hat, vollzog sich an einem Tisch. Er war der Gastgeber. Der Tisch des Abendmahls muss sich fortsetzen an den Tischen in unserer Gemeinschaft. Hier versammeln wir uns als „neue Familie" in Christus.[53] Wir laden andere ein und freuen uns an der Begegnung. Das setzt Tischkultur, Gesprächskultur und die Bereitschaft zu teilen voraus. Gastfreundschaft gewährt ein Stück Heimat auf dem Weg ins ewige Zuhause.[54]

53 Gerhard Lohfink: Die letzten Tage Jesu
54 Nach Romano Guardini

## [121] Erzählgemeinschaft

Kirche, lebendige Gemeinschaft um Jesus Christus, ist immer auch Erzählgemeinschaft. Es ist ein Geheimnis um das Erzählen, um das Mitteilen dessen, was wir miteinander erlebt haben, denn Erzählen ist menschlich – und Erzählen macht menschlich. Erzählen benötigt Zeit – und Erzählen überwindet Zeit. Erzählen braucht Gemeinschaft – und Erzählen schafft Gemeinschaft. Wo Menschen Anteil geben können an dem, was ihnen widerfahren ist, da wachsen im Hören und Reden Horizonte der Hoffnung und der Heilung.

## [122] Zwischenzeiten

Gemeinschaft ist ein Oikos, „eine Behausung Gottes im Geist"[55]. Nicht nur die Zeiten der großen Aktionen und Versammlungen, sondern insbesondere die Zwischenzeiten der persönlichen Begegnung sind es, die diesen Oikos zusammenhalten. Sie sind das Ferment der Gemeinschaft – zwischen uns Gefährten, zwischen Planung und Umsetzung, zwischen Ereignissen und Neuaufbrüchen. Wir achten darauf, dass eine gute Planung immer auch genügend Raum für Begegnung und für Unvorhergesehenes lässt.

[55] Vgl. *oikos* in Epheser 2, 22 und in 1. Petrus 2, 4-5

## [123] Christus im Anderen

Gott hat jeden von uns anders gemacht. Er hat uns den Anderen nicht an die Seite gegeben, damit wir ihn beherrschen oder uns unterwerfen, sondern ihn uns als ein Du zur Seite gestellt, damit wir über ihn und in ihm den Schöpfer finden. Die Ich-Werdung braucht das Du Gottes und des Anderen.
In seiner geschöpflichen Freiheit wird mir der Andere Grund zur Freude, während er mir als Aufgabe nur Mühe und Not ist. Gott will nicht, dass wir einander nach unserem Bild formen. Er hat den Andern zu seinem Ebenbild gemacht[56] und will durch ihn auch in mir immer mehr davon ans Licht bringen.

## [124] Krise

Verbindliches Leben fordert uns heraus. Wachstum führt auch durch Krisenzeiten, sowohl auf dem Weg der Wir-Werdung als auch der Ich-Werdung. Wir wollen diese Krisen nicht scheuen. Sie führen durch Zeiten elementarer Verunsicherung, sind aber immer auch eine Chance. Jede Krise birgt Gefahr und Rettung. Und mittendrin steht das Kreuz Christi, in dem alle Widrigkeit überwunden ist.
Krisen haben Phasen, die es zu erkennen und einzuordnen gilt. Wir ermutigen einander, uns den Herausforderungen zu stellen und sie zur Sprache zu bringen – unter uns oder mit einem Begleiter. Überwundene Krisen sind stets ein Zuwachs an Persönlichkeit und Reife.

[56] Vgl. Dietrich Bonhoeffer: Gemeinsames Leben

## [125] Geistliche Gemeinschaft

Einen anderen Grund kann niemand legen als den, der gelegt ist in Jesus Christus.[57] Er ist das Fundament, auf dem wir zusammenkommen. Geistliche Gemeinschaft ist kein frommes Ideal, sondern eine göttliche Wirklichkeit. Sie ist auch kein zu erträumendes Wunschbild, zu dem nur die „richtigen Menschen" zusammenkommen müssten, damit es sich erfüllt. Zur Gemeinschaft in Christus gehören Ernüchterung und Enttäuschung: Wo wir uns getäuscht haben und unseren eigenen Vorstellungen anhängen, lichtet Gott Stück um Stück die Nebel und führt uns in zunehmende Selbsterkenntnis bei staunender Gotteserkenntnis. Darum ist Gemeinschaft in Christus zugleich Ort der Ermutigung und der Heilung.

## [126] Freundschaften

Freundschaft ist ein Geschenk Gottes an uns Menschen. Auf dem Boden der geistlichen Geschwisterschaft sind Freundschaften unter den Gefährten willkommen. Nicht die Ausschließlichkeit der Beziehung, sondern die Freiheit gibt der Freundschaft ihre Würde. Wir sind auf der Hut vor seelischer Abhängigkeit. Sie verkrümmt und verhindert das Wachstum auf Christus hin. Wo wir achtsam dafür bleiben, dass die Heiligkeit Gottes zwischen dem Ich und dem Du, zwischen mir und dir Platz behält, sind Zärtlichkeit und Nähe lichtvolle Botschafter.

[57] 1. Korinther 3, 11

## [127] Einander tragen

Einander zu tragen, bewährt die Gemeinschaft. Dieses Tragen ist auch ein Erleiden: Wir erleiden die Last, die wir einander mitunter sind. Dabei ist es oft leichter zu tragen, als sich tragen zu lassen. Beides hat seine Zeit.
Gerade in Zeiten der Krankheit, des Alters und der Schwäche ist Bedürftigkeit offensichtlich. Sie ist ein Anruf, an der Last der Geschwister und damit an der Last Christi Anteil zu nehmen.[58] Wir tragen einander nicht aus eigener Kraft, sondern durch die Kraft Christi – und wir tragen einander zu ihm hin.

## [128] Geschwätz

Im Reden über andere ist Keuschheit geboten. Geschwätz ist schleichendes Gift im Leib der Gemeinschaft.

> Wenn du dich über einen anderen ärgerst, sag es Jesus. Kannst du ihm in Jesu Namen verzeihen, gut. Wenn nicht, suche den Bruder oder die Schwester auf und sage ihm ohne Anklage, was dich bedrängt. Teile dich in deinen Empfindungen mit, bleibe aber bei dir. Lege den anderen in deinem Urteil nicht fest. Sei offen für einen Wandel der Situation.
> Sei immer neu bereit, dich zu versöhnen und Frieden zu schließen. Sprich nicht schlecht über Dritte. Halte deine Zunge im Zaum, spalte nicht. Das Reden über andere hinter deren Rücken kann zur vernichtenden Waffe werden. Gib Rückmeldung an Geschwister, wenn dir das Reden über Dritte unangemessen erscheint. Richte nicht.[59]

[58] Galater 6, 2
[59] Matthäus 7, 1-5

## [129] Umkehr

Von allen Bewegungen im Leben der Gefährten ist die Umkehr zu Christus die wichtigste. Immer wieder verselbständigen sich unsere Gedanken und Werke. Immer wieder ringen Selbstbehauptung und Ehrsucht unsere guten Vorsätze nieder. Dinge, von denen wir uns endgültig losgesagt zu haben meinen, stehen mit verführerischer Kraft wieder auf, wie Bequemlichkeit, Sicherheitsbedürfnis oder die Angst, gestört zu werden.

> Wenn dir die Kraft fehlt, der Verführung zu widerstehen, deine Zunge zu beherrschen oder anderen zu vergeben: Kehre um, ändere deinen Denksinn. *Metanoeite!* – sagt Jesus. „Die Zeit ist erfüllt und das Reich Gottes ist nahe herbeigekommen. Darum kehrt um und glaubt an das Evangelium.“ [60]
> Versöhne dich mit Gott, mit dir selbst und deinem Nächsten. Halte daran fest: Bei Jesus ist immer ein Anfang.

[60] nach Markus 1, 15

## [130] Verfügbarkeit

Jeder hat eine Berufung innerhalb dieser Kommunität und stellt sich mit seiner Kraft und seinem Können für ihren Auftrag zur Verfügung.

Gehe darum keine langfristigen Verpflichtungen gegenüber Dritten ein[61], es sei denn, du hast vorher mit den verantwortlichen Geschwistern[62] gesprochen. Es ist Teil deiner Hingabe, dass du die Räume für deine Berufung großzügig freihältst.

## [131] Vermögen und Erbschaften

Materielle Güter und Erbschaften sind jedem persönlich anvertraut und bleiben sein Eigentum. Daher liegt es bei jedem selbst, mit den anvertrauten Pfunden weise und verantwortlich umzugehen.

Bring deine Fragen dazu ins Gespräch mit der Leitung. Trage dafür Sorge, dass die Verwaltung deines Vermögens dich weder innerlich noch äußerlich von der Klarheit und Entschiedenheit deiner Berufung abbringt.

[61] Z. B. Banken, privater Hauskauf oder Hausbau, aber auch Sportverein, Interessensgemeinschaften, öffentliche Ämter. Ebenso Anfragen im engeren Rahmen unseres Auftrages hinsichtlich der Zusage von Einsätzen, Predigten, Vorträgen etc. Hierfür sind Absprachen wesentlich.

[62] Ggf. Bereichsleiter, Priorat, Vorstand

## [132] Platzanweisung

Die Gefährten sind sich Gehilfen zur Freude[63], jeder an seinem Platz in der Arbeit und im gemeinsamen Leben. Eine Gemeinschaft, die zulässt, dass Menschen in ihren Potenzialen nicht gebraucht werden, läuft Gefahr, zugrunde zu gehen. Es ist darum gut, wenn jeder Einzelne auch einen bestimmten Auftrag in der Gemeinschaft erhält, damit er in Stunden des Selbstzweifels weiß, dass er nicht unnütz und unbrauchbar ist.[64]

Wir wollen für jeden einen Platz finden, der die Voraussetzungen des Einzelnen ernst nimmt und den Bedürfnissen der Gemeinschaft entspricht.

> Nimm deinen Platz in der Gemeinschaft ein. Dabei geht es nicht um den Platz, an dem du dich am besten einrichten kannst, sondern um einen, der dich herausfordern, aber nicht überfordern soll. Das wird im gemeinsamen Gespräch erwogen und entschieden. Kommt es hier zu keinem Konsens, so nimm die Stimme der Leitung im Gottvertrauen an.

[63] 2. Korinther 1, 24
[64] Vgl. Dietrich Bonhoeffer: Gemeinsames Leben

## [133] Eltern und Geschwister

Bring deinen Eltern und Geschwistern eine stets erneuerte Zugewandtheit entgegen. Lass sie nicht im Stich, aber bewahre in deinem Geist den Vorrang deiner Berufung. Besprich mit der Leitung der Gemeinschaft anstehende Veränderungen (Pflege o.a.).

## [134] Ein Brief Christi

Gemeinschaft ist Botschaft. Unser erster Dienst ist ein Sein. Ein Mit-Gott-Sein und ein Miteinander-Sein. Erst an dritter Stelle ein Sein für Andere.[65]
Kommunitäten sind ein Zeichen der Hoffnung und eine Anschauung von Kirche als gelebte Gemeinschaft. Nicht nur die Verkündigung des Wortes, sondern das immer wieder versöhnte Leben ist die Botschaft, die wir weitergeben wollen. Denn, „daran wird die Welt erkennen, dass ihr meine Jünger seid, so ihr Liebe untereinander habt".[66] Gemeinschaft ist ein Brief Christi[67], vielleicht der einzige, den die Welt heute noch lesen kann. Deshalb ist es die kostbarste Aufgabe für uns alle, die Liebe untereinander wachsen zu lassen. Der tiefste Ausdruck dieser Liebe ist Treue und wahre Verbundenheit.

[65] Vgl. Verbindlich Leben. Kommunitäten und geistliche Gemeinschaften in der Evangelischen Kirche Deutschland. EKD-Texte 88

[66] Johannes 13, 35

[67] 2. Korinther 3,3

## [135] Auspflanzungen

Der Hauptsitz der Kommunität ist ein Ort der Zurüstung. Wir sind überzeugt, dass unsere Welt mehr Orte verbindlichen Christenlebens braucht. Wir wollen dazu ermutigen und helfen, dass solche Orte der Hoffnung entstehen.
Unsere Außenstellen sind Glieder am Leib der Kommunität. Die lebendige Verbundenheit ist uns wichtig. Wesentlich ist es uns, die Geschwister im Gebet mitzutragen. Die Außenstellen sind verantwortlich für einen guten Kommunikationsfluss zum Hauptsitz; der Hauptsitz ist verantwortlich für einen guten Kommunikationsfluss zu den Geschwistern in den Außenstellen. Es soll je einen ersten Ansprechpartner auf beiden Seiten geben.
Die Geschwister in den Außenstellen achten darauf, dass sie bei Kommunitätswochen und Retraitezeiten anwesend sind. Die Leitung der Kommunität besucht die Außenstellen in angemessenen Abständen, um zu hören, zu fragen und den gemeinsamen Weg nach vorn zu besprechen.

## [136] Großfamilie und Freundesnetzwerk

Die Entwicklung und Vertiefung der Beziehung zu Menschen, die unseren Auftrag mittragen und geistlich verbindlich mit uns leben wollen, ohne der Kommunität beizutreten, ist kostbar und wünschenswert.

ERHATDICHD
ENANSPRÜCH
ENDESBÖSEN
ENTRISSEN.

# Konjugation der Konflikte

## [137] Chance zum Wachstum

Konflikte sind menschlich und gehören zum gemeinsamen Leben. Sie hängen mit unserer Unterschiedlichkeit und unserer unterschiedlichen Geschichte zusammen. In der Dichte des gemeinsamen Lebens entsteht eine Atmosphäre, die uns mit der Prägung durch unsere Herkunftsfamilien konfrontiert.

> Wehre diese Entwicklung nicht ab, sondern betrachte sie als Chance, etwas zu Ende zu bringen. Mach dir bewusst, dass wir einander immer wieder zur Projektionsfläche unserer Geschichte werden. Nimm geistliche Begleitung in Anspruch. Überwinde die falsche Scham, bedürftig zu sein. Wir können uns das helfende Wort nicht selber sagen.

## [138] Streiten lernen

Es gibt unterschiedliche Arten von Konflikten: Sach- und Interessenskonflikte, Beziehungskonflikte, Übertragungskonflikte – lösbare und unlösbare Konflikte. Die Vermischung der Ebenen macht Konflikte kompliziert.
Wir fürchten uns nicht vor einem Streit, denn er bringt die Wahrheit an den Tag. Indem wir streiten, halten wir einander für wahrheitsfähig.[68] Distanzierte Freundlichkeit ist der sichere Weg in die Erstarrung der Gemeinschaft.
„Eher zerbersten Felsen, als dass sich Menschenherzen einander öffnen, die sich einmal gegeneinander verschlossen haben. Und doch geschieht dieses Wunder. Plötzlich gewinnt ein Wort Kraft, einen Menschen und sein Leben in eine ganz neue Richtung zu bewegen."[69]
Es geht uns um das Einüben einer konstruktiven Streitkultur. Wir wollen einander nicht niederringen, sondern mehr voneinander verstehen, festeren Boden im Miteinander gewinnen und an der Bereitschaft zur Versöhnung festhalten. Gottes Versöhnungsgeist reicht weiter als unsere Grenzen. Streiten will gelernt sein, wie alles im Leben. Es braucht Abmachungen und Regeln. Ohne sie gibt es keine Kultur des Streits. Wir holen uns Hilfe und Beratung, wenn wir in Konflikten nicht weiterkommen.

[68] Vgl. Fulbert Steffensky: Wo der Glaube wohnen kann
[69] Paul Schütz: Evangelium

## [139] Resignation überwinden

Wenn wir uns Enttäuschungen in der Gemeinschaft nicht stellen, droht die Gefahr der Entfremdung und inneren Spaltung. Aussagen wie: „Persönlich geht's mir gut, aber in der Kommunität bin ich gescheitert", oder: „In der Arbeit funktioniere ich gut, aber meine eigenen Fragen kann ich nicht angehen", sind Alarmzeichen der Resignation. Deshalb ist es unerlässlich, sie ins Licht zu bringen und miteinander zu verarbeiten. Auch das, woran wir letztlich scheitern – Beziehungen, Aufgaben, Lebensentwürfe –, soll wahr sein dürfen und der Barmherzigkeit und Gnade Gottes anvertraut werden. Gottes Wege sind Wege der Hoffnung und führen durch Täler der Resignation hindurch. Gott will uns zu der Person machen, die wir in seinen Augen sind. Er spricht uns zu: Wandle vor mir und sei ganz – sei ganz du.[70]

[70] 1. Mose 17, 1 nach Martin Buber

## Parusie – die Gegenwart des Kommenden

[140] Dass wir miteinander reden können, ist unser Adel. Gott schuf die Welt, indem er sprach. Im Anfang war das Wort. Bis heute wird weiter gesprochen – so entsteht Geschichte. Im Reden erleben wir Gegenwart und wirken Zukunft.[71] Im Sprechen üben wir, uns Zeit zu nehmen und so Zeiten zu schaffen. „Klarheit kommt aus der Stille, Mut aus der Geschichte, Freude aus der Zukunft."[72]

Ohne Glauben allerdings haben wir keinen Zugang zu unserer Geschichte. Ohne Hoffnung schwindet der Zugang zur Zukunft. Und erst in der Liebe erhalten wir den vollen Zugang zur Gegenwart. Glaube, Liebe und Hoffnung werden zu gemeinschaftsbildenden Prozessen in unserer Gesellschaft.

Wenn wir miteinander sprechen, ist Christus mitten unter uns. Seine Wiederkunft zu erwarten, an seinem Reich mitzubauen und den großen Horizont dieser Heilsgeschichte der nächsten Generation weiterzusagen, ist der beste Grund, miteinander unterwegs zu sein.

[71] „Ich fürchte, wir werden Gott nicht los, weil wir an die Grammatik glauben." (Friedrich Nietzsche)

[72] Horst-Klaus Hofmann, Gründer der OJC

die Lüge im Licht
der wahrheit entmachten
und uns christus
in die arme werfen:
das ist wahre
auferstehung.

# Kein letztes Wort

[141] Wir sind verlorener, als wir zugeben wollen,
und tiefer erlöst, als wir zu hoffen wagen.[73]
Wir leben als geliebte Söhne und Töchter,
nicht als gestresste Heilige, sondern als begnadigte Sünder.

Die Grammatik in uns aufzunehmen
ist ein Anfang,
Christus zu verherrlichen
das Ziel.

Eine heilige Unruhe allen, die diesen Weg wählen.
Nur Mut, Mut und Hoffnung ohne Maß.
Sprecht, glaubt, lebt ...

*Ermatingen, 3. Februar 2008*
*Dominik Klenk, OJC*

[73] Søren Kierkegaard

**Von:** Notker Wolf
**Gesendet:** Sonntag, 7. Oktober 2012 16:28
**Betreff:** Wie Gefährten leben

Als ich das Manuskript sah, dachte ich zuerst: eine Zumutung; denn im Moment habe ich eigentlich keine Zeit. Dann aber begann ich zu lesen und habe es in zwei Raten durchgesehen, weil ich so begeistert war. Ich habe jetzt auch gleich ein Nachwort geschrieben, hoffe, es passt.

## Nachwort

Als Erstes gilt der ökumenischen Gemeinschaft „Offensive Junger Christen" meine Anerkennung, dass sie bereits 40 Jahre besteht und nun in einer ausgereiften Regel niederlegt, was sie bewegt und geistlich zusammenhält. Das Evangelium und die Anweisungen des heiligen Paulus werden in den konkreten Alltag der persönlichen Reifung und des Miteinanders umgesetzt. Nie treten formale, gesetzliche Regulierungen in den Vordergrund, immer bleibt die geistliche Dimension erhalten.

Darin zeigt sich auch, dass eine solche Gemeinschaft nicht das Werk von Menschen ist. Die Kommunen der 68er Jahre gehören längst der Vergangenheit an. Hier aber bleibt die Aufbruchstimmung erhalten. Sie wird vom Geist Gottes selber getragen und lässt sich von ihm führen.

Das Gelingen der Geschwisterlichkeit im Alltag ist alles andere als leicht, erst recht in einer so heterogenen Gemeinschaft. Alle sind herausgefordert, Gemeinschaft je neu auf- und weiterzubauen. Es wird nie eine Gemeinschaft von Vollkommenen sein. Christliches Miteinander setzt die stete Versöhnungsbereitschaft voraus. Eine christliche Gemeinschaft ist keine perfekte Gemeinschaft, sie ist eine versöhnte Gemeinschaft. Der Geist Gottes selber schenkt uns dazu die Kraft. Denn wir sind berufen, unserer Gesellschaft ein Zeugnis echter christlicher Liebe zu schenken.

Die ersten Mitglieder werden mit der Zeit älter, auch dafür gibt es in dieser „Grammatik" Orientierungen. Ich wünsche aber der Gemeinschaft, dass zum einen immer wieder junge Christen zu ihr stoßen und zum andern sich den in dieser Grammatik niedergelegten Geist erhält und stets erneuert. Dann bleibt sie samt den älteren Gefährten eine wahrhafte „Offensive Junger Christen". Ich wünsche ihr dazu die Fülle des Heiligen Geistes mit all seinen Gaben.

Notker Wolf OSB,

Abtprimas des Benediktinerordens

# Das Leitbild der OJC

## I. Auftrag

Wir sind eine ökumenische Lebensgemeinschaft, die christuszentriert lebt, schöpferisch denkt und gesellschaftlich handelt. Wir setzen uns offensiv für eine Erneuerung in Kirche und Gesellschaft ein. Unser Auftrag besteht darin, in einer Zeit zunehmender Orientierungslosigkeit insbesondere jungen Menschen in Jesus Christus Heimat, Freundschaft und Richtung zu geben. Unsere Stärke ist das Miteinander von gemeinsamem Leben, geistig-geistlicher Reflexion und gesellschaftlichem Wirken.

Unsere westliche Gesellschaft steht in einer Zeitenwende. Das Grundgefühl der Unbehaustheit, zerbrochene Beziehungen und eine wachsende Sinnkrise fordern uns heraus, neue Perspektiven zu entwickeln. Wir haben die Erfahrung gemacht, dass Menschen in der Begegnung mit Jesus Christus Heimat, Freundschaft und Richtung finden. Diese Hoffnung möchten wir weitergeben.

- **Heimat in Christus finden** – Leben lernen aus der Quelle

  Christsein heißt, in die Beziehung mit dem lebendigen Gott und seiner Geschichte hineingenommen zu werden. Wir laden Menschen ein, mit uns diesen Horizont zu entdecken und ihren Platz im Vaterhaus Gottes einzunehmen. Das Abenteuer beginnt, wo wir uns Gott zuwenden, auf ihn hören und uns von ihm überraschen und verwandeln lassen. Gottes Geist ist die stärkste schöpferische Kraft in Menschenherzen und Quelle sinnerfüllten Lebens.

- **Freundschaften in Christus finden** – Anstiften zum gemeinsamen Leben

Der Dreieinige Gott selbst ist Gemeinschaft. Als seine Geschöpfe sind wir gerufen, in Beziehungen zu leben und zu wachsen – vor Ort und im Horizont einer globalen Welt. Solche Gemeinschaft entsteht, wo Frauen und Männer, Familien und Ledige, Junge und Alte, Menschen aus unterschiedlichen Konfessionen und Kulturen Vertrauen riskieren und versöhnte Beziehungen in Christus leben. Kirche und Gesellschaft sind auf die Erfahrungen von verbindlichem Gemeinschaftsleben angewiesen. Dazu wollen wir einladen und ermutigen.

- **Richtung in Christus finden** – Kämpfen für eine Kultur des Lebens

Im Hoffnungshorizont der biblischen Botschaft ist ein tiefes Verstehen der Menschen- und Weltgeschichte möglich.
Das jüdisch-christliche Erbe gibt uns zukunftsfähige Orientierung. Auf dieser Grundlage und um der nächsten Generationen willen nehmen wir geistige und gesellschaftliche Entwicklungen wachsam wahr, setzen uns mit ihnen inhaltlich auseinander und beziehen Stellung. Unser Ziel ist es, insbesondere junge Menschen zum Querdenken herauszufordern und – wo möglich – mit ihnen gemeinsam konstruktive Alternativen zum Zeitgeist und kulturellen Mainstream zu entwickeln und einzuüben.

KSC

# II. Wirkungsfelder

1. **OJC Kommunität**
   Die Lebens-, Glaubens- und Dienstgemeinschaft der OJC Kommunität ist ein verbindlicher Zusammenschluss von Familien und Ledigen und zugleich tragender Boden für alle Wirkungsfelder.

2. **Kommunität auf Zeit**
   Wir laden junge Menschen – oft im Rahmen eines Freiwilligen Sozialen Jahres (FSJ) – zum gemeinsamen Leben in unsere Kommunität ein. Im täglichen Miteinander wird verantwortliches und dynamisches Christsein eingeübt und gefördert. Gäste verschiedenen Alters und unterschiedlichster Herkunft und Prägung können mitleben.

3. **Regionale und internationale Jugendarbeit**
   Das Reichelsheimer Europäische Jugendzentrum (REZ) engagiert sich mit Jugendgruppenarbeit und internationalen Jugendcamps. Ziel ist es, Kinder zu stärken und eine positive Entwicklung von Kindern, Jugendlichen und jungen Erwachsenen zu fördern. Interkulturelle und ökumenische Begegnungen über Ländergrenzen hinweg bilden einen Schwerpunkt und dienen der Friedensstiftung.

4. **Erfahrungsfeld Schloss Reichelsheim**
Das religionspädagogische Erfahrungsfeld ist ein generationsübergreifender Ausflugs- und Lernort in einer geschichtsträchtigen Burganlage. Die interaktiven Stationen bieten kreative Zugänge zu Lebens- und Glaubensthemen. Das Angebot richtet sich gleichermaßen an Kinder und Jugendliche sowie Erwachsene.
Seit der Öffnung des Erfahrungsfeldes im Jahr 2010 wird dieser lebendige Begegnungsraum der OJC kontinuierlich weiter entwickelt und ausgebaut.

5. **Gästehäuser**
Zur Durchführung unserer Aufgaben betreiben wir mehrere Gästehäuser und ein öffentliches Café.

6. **Seelsorge und Begleitung**
Wir führen regelmäßig Grund- und Aufbaukurse in Seelsorge und Begleitung für Mitarbeiter in Kirche und Gemeinden durch. Unser Anliegen ist es, Menschen auf dem Weg zur Reife, Heilung und Ganzheitlichkeit geistlich zu begleiten.

7. **Deutsches Institut für Jugend und Gesellschaft (DIJG)**
Die Mitarbeiter des DIJG forschen und publizieren zu Fragen der Anthropologie, der Identitätsentwicklung, des Mann-Frau-Seins, der Sexualethik und zu Ehe und Familie.
Als „Think-Tank" dient das DIJG der geistig-geistlichen Orientierung. Es hat die bundesweite Netzwerkinitiative „Bündnis Ehe und Familie" mitgegründet und steht im Austausch mit internationalen Partnern, Netzwerken und Universitäten.

8. **Tagungen und Vorträge**
   Im Spektrum unserer Arbeitsfelder bieten wir Tagungen und Vorträge an. Die Schwerpunkte liegen auf der Vermittlung von Themen, die in unserer Alltagspraxis erprobt sind und die wir geistig-geistlich reflektiert haben.

9. **Zeitschriften und Bücherwerkstatt**
   Mit den Zeitschriften Salzkorn, Brennpunkt Seelsorge, Bulletin und in Büchern informieren wir über unsere Arbeit und greifen aktuelle Themen differenziert auf – insbesondere solche, die in der Öffentlichkeit einseitig oder nicht dargestellt werden.
   Wir wollen Verantwortungsträger für ihren Dienst in Kirche und Gesellschaft ausrüsten und unsere Einsichten aus gemeinsamem Leben und biblischem Denken öffentlich zugänglich machen.

10. **Weltweite Partnerschaften**
    Im Rahmen langfristiger Kooperationen arbeiten wir mit Menschen und Gruppen zusammen, die sich mit uns für eine Kultur des Lebens einsetzen. Im weltweiten Horizont bedeutet das, uns für Versöhnung, Gerechtigkeit und Hoffnung zu engagieren. Wir fördern Partnerprojekte in sich entwickelnden Ländern und geben Hilfe zur Selbsthilfe. Dabei ist uns wichtig, mit den Partnern durch persönliche Beziehung und Austausch verbunden zu sein, um wechselseitiges Lernen zu ermöglichen.

OFFENSIVE JUNGER CHRISTEN
ökumenische Kommunität in der evangelischen Kirche
OJC
christuszentriert
leben
schöpferisch
denken

HOPE
Hoffnung
Mut
Vertrauen
Zuversicht
Aussicht
Erwartung
Glauben
Ausweg
Spannung
Chance
Zutrauen
Optimismus
Lebensbejahung
Lebensfreude
Offenheit
Daseinsfreude
Heiterkeit
Begeisterung
Vertrauen
Zuversicht
Herzlichkeit
Ausblick
Pause
Stille
Schweigen
Warten
Urlaub
Erholung
Schlafen
Vertrauen
Kreativität
Ruhe
Kraftzufuhr
Entschlossenheit
Standhaftigkeit
Festigkeit
Beharrung
Unbeugsamkeit
Mut
Beherztheit
Unerschrockenheit
Schneid
Unverzagtheit
Courage

UNVERSÖHNLICHKEIT

LOSZULASSEN UND

**AUFEINANDER**

**ZUZUGEHEN,**

IST EIN SIEG JESU

IN UNSEREN HERZEN.

# III. Verortung in Kirche und Gesellschaft

Auf der Höhe der Studentenunruhen 1968 startete eine kleine Gruppe von gesellschaftlich engagierten Christen eine Reihe von Schüler- und Studentenkonferenzen. Veranstaltet wurden sie gemeinsam mit den Evangelischen Marienschwestern in Darmstadt. Im gemeinsamen Dialog griff man persönliche und politische Fragen der jungen Menschen auf und suchte nach lebbaren Antworten im Evangelium. Angestoßen durch das Ehepaar Horst-Klaus und Irmela Hofmann entstand in der Nachwirkung dieser Konferenzen das Experiment eines gemeinsamen Lebens. Daraus entwickelte sich die ökumenische Kommunität Offensive Junger Christen (OJC) mit mehr als 100 Mitlebenden und Mitarbeitenden. Die geistlichen Wurzeln der OJC liegen im Umfeld von CVJM (Christlicher Verein Junger Menschen), der Oxford-Gruppenbewegung und Dietrich Bonhoeffers Vision vom gemeinsamen Leben.

Als ökumenische Kommunität in reformatorischer Tradition stehen wir bewusst unter dem Dach der Evangelischen Kirche in Deutschland (EKD), arbeiten aber mit vielen Partnern im Horizont der Arbeitsgemeinschaft Christlicher Kirchen (ACK) und der weltweiten Ökumene zusammen.
Die in der Kommunität Mitlebenden und Mitarbeitenden gehören verschiedenen Konfessionen an.
Innerhalb der EKD haben wir in der Jugendkammer, in der Arbeitsgemeinschaft Evangelischer Jugend (aej), in der Arbeitsgemeinschaft für Evangelische Einkehrtage und in der Arbeitsgruppe Evangelischer Kommunitäten Verantwortung übernommen und Letztere auch mitinitiiert. Die OJC ist ein Fachverband *im Evangelischen Werk für Diakonie und Entwicklung* e.V. Zudem sind wir Mitglied im *netzwerk-m* e.V. (gegründet 1974 als Ring missionarischer Jugendbewegungen) und anerkannter Träger von Freiwilligendiensten (FSJ und BFD). Das

Europäische Jugendzentrum (REZ) ist Mitglied im CVJM-Westbund. Die *Offensive Junger Christen – OJC e.V.* ist ein gemeinnütziger Verein mit Sitz in Reichelsheim im Odenwald. Als anerkannte Nicht-Regierungs-Organisation (NRO) arbeiten wir mit dem Bundesministerium für wirtschaftliche Zusammenarbeit (BMZ) in der Entwicklungshilfe zusammen.

**Offensive Junger Christen – OJC e.V.**
Postfach 1220, 64382 Reichelsheim (Odw.)
Tel.: 06164 930 90
Fax: 06164 930 930
reichenberg@ojc.de
www.ojc.de

**Deutsches Institut für Jugend und Gesellschaft**
Tel.: 06164 9308-211
institut@dijg.de

**OJC-Zelle in Vorpommern**
Burgstraße 30; 17489 Greifswald
Tel.: 03834 504092
kaissling@ojc.de

Unsere Veröffentlichungen kostenfrei bestellen:
Tel.: 06164 9309 320
versand@ojc.de

Bankverbindung:
Offensive Junger Christen – OJC e.V.
Evang. Kreditgenossenschaft Kassel
Kto.-Nr. 4101057
BLZ: 520 604 10
BIC: GENODEF1EK1
IBAN: DE06 5206 0410 0004 101057

rmation
8 - 1990
Reformation
2000 - 2008

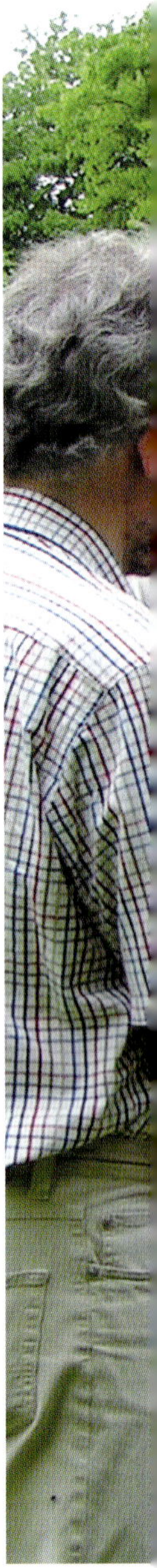

# Quellentexte

## AT

**1. Mose 17, 1**
[139] Als nun Abram neunundneunzig Jahre alt war, erschien ihm der HERR und sprach zu ihm: Ich bin der allmächtige Gott; wandle vor mir und sei ganz (hebr. *tāmim*: vollkommen einwandfrei, vollständig – ganz).

**Psalm 37, 23**
[25] Von dem HERRN kommt es, wenn eines Mannes Schritte fest werden, und er hat Gefallen an seinem Wege.

**Psalm 23**
[24] Der HERR ist mein Hirte, mir wird nichts mangeln. Er weidet mich auf einer grünen Aue und führt mich zum frischen Wasser. Er erquickt meine Seele. Er führt mich auf rechter Straße um seines Namens willen. Und ob ich schon wanderte im finstern Tal, fürchte ich kein Unglück; denn du bist bei mir, dein Stecken und Stab trösten mich.

**Psalm 119, 105**
[25] Dein Wort ist meines Fußes Leuchte und ein Licht auf meinem Wege.

**Sprüche 4, 18**
[23] Der Gerechten Pfad glänzt wie das Licht am Morgen, das immer heller leuchtet bis zum vollen Tag.

**Sprüche 18, 21**
[23] Tod und Leben liegen in der Macht der Sprache. (Ü: Martin Buber)

**Jesaja 61, 10**
[45] Ich freue mich im HERRN, und meine Seele ist fröhlich in meinem Gott; denn er hat mir die Kleider des Heils angezogen und mich mit dem Mantel der Gerechtigkeit gekleidet, wie einen Bräutigam mit priesterlichem Kopfschmuck geziert und wie eine Braut, die in ihrem Geschmeide prangt.

**Jesaja 62, 5**
[35] Denn wie ein junger Mann eine Jungfrau freit, so wird dich dein Erbauer freien, und wie sich ein Bräutigam freut über die Braut, so wird sich dein Gott über dich freuen.

**Maleachi 3, 24**
[31] Der soll das Herz der Väter bekehren zu den Söhnen und das Herz der Söhne zu ihren Vätern, auf dass ich nicht komme und das Erdreich mit dem Bann schlage.

## NT

**Markus 1, 15**
[129] Die Zeit ist erfüllt und das Reich Gottes ist herbeigekommen. Tut Buße und glaubt an das Evangelium!

**Matthäus 6, 33**
[88] Trachtet zuerst nach dem Reich Gottes und nach seiner Gerechtigkeit, so wird euch das alles zufallen. Sucht an erster Stelle das Reich, wo Gott herrscht und durch Gott alles stimmt. Der Rest wird euch zufallen. (Ü: Hans Urs von Balthasar)

**Matthäus 7, 26**

[37] Wer diese meine Rede hört und tut sie nicht, der gleicht einem törichten Mann, der sein Haus auf Sand baute.

**Matthäus 10, 16ff**

[32] Siehe, ich sende euch wie Schafe mitten unter die Wölfe. Darum seid klug wie die Schlangen und ohne Falsch wie die Tauben. Hütet euch aber vor den Menschen; denn sie werden euch den Gerichten überantworten ... Wenn sie euch nun überantworten werden, so sorgt nicht, wie oder was ihr reden sollt; denn es soll euch zu der Stunde gegeben werden, was ihr reden sollt. Denn nicht ihr seid es, die da reden, sondern eures Vaters Geist ist es, der durch euch redet. Darum fürchtet euch nicht.

**Matthäus 23, 8**

[107] Aber ihr sollt euch nicht Rabbi nennen lassen; denn einer ist euer Meister; ihr aber seid alle Brüder.

**Matthäus 23, 11**

[37] Der Größte unter euch soll euer Diener sein.

**Johannes 1, 1ff**

[9] Im Anfang war das Wort, und das Wort war bei Gott, und Gott war das Wort. Dasselbe war im Anfang bei Gott. Alle Dinge sind durch dasselbe gemacht, und ohne dasselbe ist nichts gemacht, was gemacht ist.

**Johannes 8, 32**

[29] Ihr werdet die Wahrheit erkennen, und die Wahrheit wird euch frei machen.

**Johannes 13, 35**
[38] [133] Daran wird jedermann erkennen, dass ihr meine Jünger seid, wenn ihr Liebe untereinander habt.

**Apostelgeschichte 15, 36–41**
[93] Nach einigen Tagen sprach Paulus zu Barnabas: Lass uns wieder aufbrechen und nach unsern Brüdern sehen in allen Städten, in denen wir das Wort des Herrn verkündigt haben, wie es um sie steht. Barnabas aber wollte, dass sie auch Johannes mit dem Beinamen Markus mitnähmen. Paulus aber hielt es nicht für richtig, jemanden mitzunehmen, der sie in Pamphylien verlassen hatte und nicht mit ihnen ans Werk gegangen war. Und sie kamen scharf aneinander, so dass sie sich trennten. Barnabas nahm Markus mit sich und fuhr nach Zypern. Paulus aber wählte Silas und zog fort, von den Brüdern der Gnade Gottes befohlen. Er zog aber durch Syrien und Zilizien und stärkte die Gemeinden.

**Römer 1, 16**
[28] Ich schäme mich des Evangeliums nicht; denn es ist eine Kraft Gottes, die selig macht alle, die daran glauben, die Juden zuerst und ebenso die Griechen.

**Römer 8, 15**
[21] Denn ihr habt nicht einen knechtischen Geist empfangen, dass ihr euch abermals fürchten müsstet; sondern ihr habt einen kindlichen Geist empfangen, durch den wir rufen: Abba, lieber Vater!

**Römer 12, 1**
[89] Ich ermahne euch nun, liebe Brüder, durch die Barmherzigkeit Gottes, dass ihr eure Leiber hingebt als ein Opfer, das lebendig, heilig und Gott wohlgefällig ist. Das sei euer vernünftiger Gottesdienst.

**Römer 12, 2**
[23] [30] Und stellt euch nicht dieser Welt gleich, sondern ändert euch durch Erneuerung eures Sinnes, damit ihr prüfen könnt, was Gottes Wille ist, nämlich das Gute und Wohlgefällige und Vollkommene.

**1. Korinther 3, 11**
[125] Einen andern Grund kann niemand legen als den, der gelegt ist, welcher ist Jesus Christus.

**1. Korinther 7, 7**
[80] Ich wollte zwar lieber, alle Menschen wären, wie ich bin [=ledig], aber jeder hat seine eigene Gabe von Gott, der eine so, der andere so.

**1. Korinther 14, 33**
[2] Gott ist nicht ein Gott der Unordnung, sondern ein Gott des Friedens.

**2. Korinther 1, 24**
[132] Nicht dass wir Herren wären über euren Glauben, sondern wir sind Gehilfen eurer Freude; denn ihr steht im Glauben.

**2. Korinther 3, 17**
[30] Der Herr ist der Geist; wo aber der Geist des Herrn ist, da ist Freiheit.

**2. Korinther 10, 3–5**
[32] Denn obwohl wir im Fleisch leben, kämpfen wir doch nicht auf fleischliche Weise. Denn die Waffen unsres Kampfes sind nicht fleischlich, sondern mächtig im Dienste Gottes, Festungen zu zerstören. Wir zerstören damit Gedanken und alles Hohe, das sich erhebt gegen die Erkenntnis Gottes, und nehmen gefangen alles Denken in den Gehorsam gegen Christus.

**2. Korinther 11, 2**
[35] Denn ich eifere um euch mit göttlichem Eifer; denn ich habe euch verlobt mit einem einzigen Mann, damit ich Christus eine reine Jungfrau zuführte.

**Galater 5, 1**
[11] Zur Freiheit hat Christus uns befreit.

**Galater 6, 2**
[127] Einer trage des andern Last, so werdet ihr das Gesetz Christi erfüllen.

**Epheser 2, 22**
[122] Und in ihm werdet auch ihr mit aufgebaut zu einer Behausung Gottes im Geist. (Ü: Elberfelder Bibel)

**Epheser 6, 16–17**
[32] Vor allen Dingen aber ergreift den Schild des Glaubens, mit dem ihr auslöschen könnt alle feurigen Pfeile des Bösen, und nehmt den Helm des Heils und das Schwert des Geistes, welches ist das Wort Gottes.

**1. Johannes 1, 7**
[38] Wenn wir aber im Licht wandeln, wie er im Licht ist, so haben wir Gemeinschaft untereinander, und das Blut Jesu, seines Sohnes, macht uns rein von aller Sünde.

**1. Petrus 2, 4–5**
[122] Zu ihm kommt als zu dem lebendigen Stein, der von den Menschen verworfen ist, aber bei Gott auserwählt und kostbar. Und auch ihr als lebendige Steine erbaut euch zum geistlichen Hause und zur heiligen Priesterschaft, zu opfern geistliche Opfer, die Gott wohlgefällig sind durch Jesus Christus.

**Hebräer 4, 12**
[29] Denn das Wort Gottes ist lebendig und kräftig und schärfer als jedes zweischneidige Schwert und dringt durch, bis es scheidet Seele und Geist, auch Mark und Bein, und ist ein Richter der Gedanken und Sinne des Herzens.

**Hebräer 5, 14**
[23] Feste Speise aber ist für die Vollkommenen, die durch den Gebrauch geübte Sinne haben und Gutes und Böses unterscheiden können.

**Hebräer 13, 16**
[34] Gutes zu tun und mit andern zu teilen vergesst nicht; denn solche Opfer gefallen Gott.

**Offenbarung 2, 4**
[35] Aber ich habe gegen dich, dass du die erste Liebe verlässt.

## Personenzitate

**Dietrich Bonhoeffer**
[4] Die Restauration der Kirche kommt gewiss aus einer Art neuen Mönchtums, das mit dem alten nur die Kompromisslosigkeit eines Lebens nach der Bergpredigt in der Nachfolge Christi gemeinsam hat. Ich glaube, es ist an der Zeit, hierfür die Menschen zu sammeln.
(B. in einem Brief an seinen Bruder Karl-Friedrich aus London am 14.1.1935)

[29] Nicht im Möglichen schweben, das Wirkliche tapfer ergreifen.
(Stationen auf dem Weg zur Freiheit: Tat.
In: Widerstand und Ergebung, München 1951, S. 184)

[37] Nur der Glaubende ist gehorsam, und nur der Gehorsame glaubt. (Nachfolge, München 1985, S. 35)

[123] In seiner geschöpflichen Freiheit wird mir der Andere Grund zur Freude, während er mir als Aufgabe nur Mühe und Not ist. Gott will nicht, dass wir einander nach unserem Bild formen. In seiner Freiheit von mir hat Gott den Andern zu seinem Ebenbild gemacht. (Gemeinsames Leben, München 1979, S. 79)

[132] Es wird darum gut sein, wenn jeder Einzelne auch einen bestimmten Auftrag für die Gemeinschaft erhält, damit er in Stunden des Zweifels weiß, dass auch er nicht unnütz und unbrauchbar ist. (Gemeinsames Leben, München 1979, S. 80)

**Romano Guardini**
[120] Das ist der Gastfreundschaft tiefster Sinn, dass wir einander Rast geben auf dem Weg nach dem ewigen Zuhause.
(Quelle unbekannt)

**Søren Kierkegaard**
[141] Wir sind verlorener, als wir zugeben wollen, und tiefer erlöst, als wir zu hoffen wagen.

**Jochen Klepper**
[60] Er weckt mich alle Morgen, er weckt mir selbst das Ohr. Gott hält sich nicht verborgen, führt mir den Tag empor. (Morgenlied, EG 452)

**Charles de Foucauld**
[73] Ohne Menschen, die sich aus Liebe zu Jesus für andere aufopfern, ohne sich dabei zu bedauern, ohne solche Menschen kommt der Segen Gottes nicht in die Welt. Wo aber aus Liebe um andere gerungen und für andere gelitten wird, dort wachsen Hoffnung und Zukunft für viele.

**Gertrud von Le Fort**
[37] (Demut ist) der wahre und angemessene Wert des Menschen vor Gott.

**Gerhard Lohfink**
[120] Ausführungen über den Tisch
(in: Die letzten Tage Jesu, Stuttgart 2004, S.110ff)

**Martin Luther**
[103] Wir sind Gerechte und Sünder zugleich. Lat: *Simul iustus et peccator.* Luther bezieht sich hier auf Augustinus (Bekenntnisse).

**Friedrich Nietzsche**
[140] Ich fürchte, wir werden Gott nicht los, weil wir an die Grammatik glauben. (Die Vernunft in der Philosophie, 5)

**Réne Padilla**
[25] Gott gibt uns keine Landkarte, aber er reicht uns seine Hand. (Mündlich)

**Eugen Rosenstock-Huessy**
[Präambel 4] Frieden heißt Sieg über den bloßen Zufall. Frieden ist der Rhythmus einer Gemeinschaft, die noch nicht am Ende ist, die noch für ihre wahre Zukunft aufgeschlossen ist.

[94] Die Grundkräfte der Geschichte sind Hoffnung beim Jungen, Glaube beim Alten und Liebe zwischen beiden.

**Paul Schütz**
[126] Eher zerbersten Felsen, als dass sich Menschenherzen einander öffnen, die sich einmal gegeneinander verschlossen haben. Und doch geschieht dieses Wunder. Plötzlich gewinnt ein Wort an Kraft, einen Menschen und sein Leben in eine ganz neue Richtung zu bewegen. (Evangelium)

[136] Der Nächste steht uns in Wahrheit nicht im Wege, sondern er steht am Rand des Abgrunds als Schutzengel, der uns hindert, aus den Realitäten des Lebens in die Illusion zu treiben.
(Warum ich noch ein Christ bin, Augsburg 1996, S. 79)

**Heinrich Spaemann**
[22] Was wir im Auge haben, das prägt uns. Da hinein werden wir verwandelt. Wir kommen, wohin wir schauen. (Zitiert nach: Josef Maureder SJ: Wir kommen, wohin wir schauen, Innsbruck 2005, S. 9)

**Heinrich Spaemann**
[31] Eine Avantgarde der Beherzten.
(Er ist dein Licht, Freiburg 1992, S. 210)

**Fulbert Steffensky**
[136] Fürchte Dich nicht vor einem Streit, denn er bringt die Wahrheit an den Tag. Indem Du streitest, hältst Du die Menschen für wahrheitsfähig. (Wo der Glaube wohnen kann, Stuttgart 1989, S.121)

**Jean Vanier**
[68] Um Zukunftspläne zu schmieden, muss eine Gemeinschaft ihre Vergangenheit gut verarbeitet haben und einen Sinn für die eigene Tradition entwickeln. (Gemeinschaft, Salzburg 1983, S. 86)

**EKD Texte 88**
[132] Vgl. Verbindlich leben. Kommunitäten und geistliche Gemeinschaften in der Evangelischen Kirche, EKD-Texte 88, Hannover 2007, S. 17-19.